ISLAND

Dieses Buch ist in 4 Kapiteln geordnet.

1. Allgemeine Informationen zu Island

Infos

2. Ausrüstung, Vorbereitungen, Anreise

Ausrüstung **Vorbereitung** **Anreise**

3. Die Tour mit 17 Fahrtagen

Tour

4. Extratage für:

Gletscher Besteigung / Monstertruck / Flug

2 Tage extra

Whale Watching
Island Pferde Reiten

2 Tage extra

und extra Tage für Offroad Extrem

Offroad extrem **Exra Tour** **2 Tage extra**

INHALT

Extra Tage

Offroad Extrem mit Furten

Widmung

Das dieses Buch überhaupt möglich wurde
verdanke ich meinem Bruder, der mir im Jahr 2013
Knochenmark Stammzellen spendete
und der onkologischen Station für Stammzellentransplantation
des UKE, Universitätskrankenhaus Hamburg Eppendorf.

Durch die medizinische Hilfe wurde ich von AML Leukämie geheilt
und habe nach zwei schweren Jahren
die Prioritäten in meinem Leben neu geordnet.

Danke

Make your deams come true !
Vielleicht ist es morgen schon zu spät.

Jules Verne

von Hamburg nach ISLAND zum: „Mittelpunkt der Erde“

Am 25 November 1864 erschien die Originalausgabe des Buches „Reise zum Mittelpunkt der Erde“ von Jules Verne unter dem Titel: Voyages au centre de la Terre.

In der faszinierenden Geschichte, stößt der Hamburger Professor Lindenbrock vom Johanneum auf ein rätselhaftes Pergament mit isländischen Runen. Davon fasziniert, versucht er die Schriften von Arne Saknussemm, einem berühmten isländischen Gelehrten aus dem 16. Jahrhundert, zu entziffern.

Erst ins Lateinische übersetzt und dann ins Deutsche, ergibt es einen Sinn: Der Eingang zum Mittelpunkt der Erde befindet sich am Krater des Vulkans Snaefflsjökull auf ISLAND.

Der Professor kennt kein Halten mehr und begibt sich von HAMBURG aus auf seine berühmte

„Reise zum Mittelpunkt der Erde“.

Polarlichter sind meist nur bei Dunkelheit im Herbst und Winter zu sehen.

Geschichtlicher Überblick: Island

Entdeckung

Griechische Seefahrer, irische Mönche und altnordische Wikinger – sie alle gelangten nach Island, einige durch Zufall, andere auf der Suche nach Frieden oder neuen Reichtümern. Jeder Neuankömmling versuchte die intensive natürliche Schönheit des Landes zu beschreiben, die Sonne, den Schnee und das Gras.
Es war der Wikinger Flokí, der die Eisberge entdeckte und die Insel „Ice Land" nannte, ein Name, der blieb.

Besiedlung

Die ersten Isländer waren Abenteurer. Sie segelten von Norwegen aus in offenen Booten übers Meer, in denen Pferde und Holz geladen waren. Sie bauten Höfe, nutzten die umliegenden natürlichen heißen Quellen und lernten mit den Vulkanen vor Ort zu leben. Heute noch können Besucher in Reykjavik die Überreste einer Farm bewundern, die im Jahre 874 nach Christus erbaut wurde.

Demokratie

Island wurde als ein Land freier Menschen ohne König gegründet. Um ihre Freiheit zu schützen, versammelten sich die frühen Bewohner Islands im Jahre 930 nach Christus und gründeten das Althing, das erste Parlament weltweit. Die Vorsitzenden trafen sich jeden Sommer im Tal Thingvellir, um über die Gesetze zu entscheiden, wichtige Fälle zu untersuchen und Hochzeiten zu organisieren. Im Jahr 1000 nach Christus nahm das Althing das Christentum als nationalen Glauben an.

Die Sagen

Nach dem 12. Jahrhundert wurde Island mit Literatur und Poesie förmlich überschwemmt, vor allem dank der großen Sagen von Snorri Sturlusson. Diese komplexen Geschichten erzählen im Detail vom bunten Leben des „Goldenen Zeitalters" Islands und überliefern bis heute die interessante Geschichte des Landes.

Fremdherrschaft

Doch während Island gedieh, wuchs der Kampf um die Kontrolle der Reichtümer immer stärker. Letztendlich unterlag Island den ausländischen Königen, zunächst der Krone Norwegens im Jahr 1262 und danach den Dänen im Jahre 1397. Während im 15. Jahrhundert englische und deutsche Schiffe um den Zugriff auf den isländischen Kabeljau kämpften, erlegte die dänische Krone Island um 1600 ein strenges Handelsmonopol auf.

Reformation

Das Luthertum in Dänemark führte zur Reformation auf Island. Die Katholiken des Landes widersetzten sich jahrzehntelang, aber am Ende siegte der Protes-

tantismus. Dank einer isländischen Übersetzung aus dem Jahr 1584 konnten die Isländer lange vor den meisten anderen Europäern die Bibel in der eigenen Sprache lesen.

Nationalismus

Nach der Lockerung des Handelsmonopols wurde 1784 Islands Hauptstadt Reykjavik gegründet. In den Jahren nach 1800 setzten sich die isländischen Intellektuellen unter Führung des nationalen Helden Jón Sigurdsson für ein freies und unabhängiges Island ein. Das Gesicht von Sigurdsson ziert nun die isländische 500-Kronen- Note. 1845 wurde das Parlament Althing neu gegründet und im Jahre 1871 ertönte erstmalig die Nationalhymne auf der Tausendjahr-Feier des Landes.

Unabhängigkeit

Nach zwei Weltkriegen und einer Volksabstimmung wurde Island am 17. Juni 1944 für unabhängig erklärt. Die Autonomie ebnete den Weg für einen unabhängigen Handel. Doch erst nach den „Kabeljau- Kriegen", einer Serie an Konflikten, die bis 1970 andauerten, gewann Island die exklusiven Fischereirechte in seinen eigenen Gewässern.

Cooles Island

Die Welt begann in den 1980er Jahren vom bis dato wenig bekannten Island Notiz zu nehmen. Zu dieser Zeit wagte das Land einige mutige Schritte: Es wählte die erste weibliche Präsidentin, war 1986 Gastgeber des Gipfeltreffens zwischen Gorbatschow und Reagan und eröffnete 1987 den modernen Flughafen in Keflavík. Die traditionelle isländische Kreativität befruchtete die Bereiche Mode, Design, Kunst und gehobene Küche, während Reykjavíks unabhängige Musikszene explodierte und für weltweiten Ruhm von Künstlern wie Björk und Sigur Rós sorgte. In den 1990er Jahren wurde mehr und mehr bekannt, dass Island ein einzigartiges Reiseziel ist. Der Tourismus wächst seitdem sprunghaft.

Island heute

Im 21. Jahrhundert hat Island die Globalisierung begeistert angenommen: Das Land hat dem Rest der Welt vorgemacht, wie Herausforderungen gemeistert werden können. Islands instinktives Gespür für das Überleben kam 2008 nach der globalen Rezession zum Tragen und sorgte für eine schnelle und stabile Erholung. Heute sind saubere Energiequellen Islands Markenzeichen und inspirieren andere Nationen in ihrem Kampf gegen den Klimawandel. Während der Rest der Welt Island auf Reisen oder durch seine speziellen Produkte entdeckt, entfaltet das Land gerade ein neues Kapitel seiner Geschichte.

(Text und Fotos: Promote Iceland)

Lebensmittelproduktion in Island

Die isländische Nahrungsmittelerzeugung legt Wert auf Qualität und Frische. Das versteht sich von selbst, wenn es sich um frisch gefangenen Fisch, frei weidendes isländisches Lamm, Bio-Gemüse oder auf herkömmliche Weise erzeugtes Meersalz handelt. Die saubere isländische Natur liefert gesunde Nahrungsmittel für den einheimischen und den Weltmarkt. Nachhaltigkeit und sichere Erzeugung sind wichtig. Seit Jahrhunderten haben sich die Isländer bei der Erzeugung, Lagerung und Zubereitung von Lebensmitteln auf ihre Innovationskraft und Kreativität gestützt. Die Kreativität führt zu neuen, frischen Produkten und delikaten Spezialitäten.

Fischfang und Landwirtschaft

Seit Jahrhunderten war der Fischfang ein unentbehrlicher Bestandteil der isländischen Geschichte und Kultur. Er war die Lebensader der Nation, denn er lieferte einen unverzichtbaren Teil der im Lande verbrauchten Nahrungsmittel und außerdem das wichtigste Exportprodukt. In den sauberen Gewässern rund um Island treffen kalte und warme Meeresströmungen aufeinander und erzeugen so ideale Bedingungen für überreiche Fischgründe. Isländer hängen vom Fisch ab und wissen das. Deshalb gelten strenge Standards, um gesunden und nachhaltigen Fischfang für zukünftige Generationen zu sichern. Nachhaltiges Fischfang-Management ist das wichtigste Instrument, das es der Fischereiindustrie Islands ermöglicht, ihre Kunden auch zukünftig mit gesunden Fischereiprodukten aus nachhaltigem Wildfang zu beliefern. Durch die optimale Behandlung des Produkts wird Qualität im gesamten Verarbeitungsprozess gewährleistet, also vom Zeitpunkt des Fangs bis zum Eintreffen auf dem Markt. Ebenso wie die Einrichtungen zur Verarbeitung auf dem Land ist die Fischfangflotte mit modernster Technik ausgestattet. Die Hauptarten aus dem Wildfang in isländischen Gewässern sind Kabeljau, Schellfisch, Seelachs, Rotbarsch, Hering, Makrele und Lodde.

Verantwortungsvolle Aquakultur ist seit der letzten Jahrhundertwende im isländischen Leben verankert. Für die Produktion werden hauptsächlich atlantischer Lachs, Seesaibling und Dorsch verwendet. Island ist der weltgrößte Erzeuger von Seesaibling und setzt die Standards. In den isländischen Seesaibling-Farmen werden keine Antibiotika oder sonstigen Medizinprodukte verwendet, und der Seesaibling ist auch in keiner Weise genetisch verändert worden. Der Seesaibling wird unter Verwendung von nachhaltiger „grüner" Energie in klarem Wasser aufgezogen.

Landwirtschaft

Die Agrarbetriebe in Island befassen sich vor allem mit der Rinder und Schafzucht. Etwa 2000 Bauern in Island betreiben Schafzucht. Die Schafe streifen vom späten Frühjahr ab im freien Gelände umher und ernähren sich von isländischem Moos, wildem Gras und Beeren, die auf dem lockeren vulkanischen Boden wachsen und dem Fleisch einen einzigartigen, Wild ähnlichen Geschmack verleihen. Frisches Fleisch gibt es im September und Oktober, tiefgekühltes Fleisch aber im ganzen Jahr. Die isländische Nahrungsmittelerzeugung legt Wert auf die Qualität und Frische. Das versteht sich von selbst, wenn es sich um frisch gefangenen Fisch, frei weidendes isländisches Lamm, Bio-Gemüse oder auf herkömmliche Weise erzeugtes Meersalz handelt. Die saubere isländische Natur liefert gesunde Nahrungsmittel für den einheimischen und den Weltmarkt.

Nachhaltigkeit und sichere Erzeugung sind wichtig. Seit Jahrhunderten haben sich die Isländer bei der Erzeugung, Lagerung und Zubereitung von Lebensmitteln auf ihre Innovationskraft und Kreativität gestützt. Die Kreativität führt zu neuen, frischen Produkten und delikaten Spezialitäten.

Die isländischen Rinder sind eine traditionelle Rasse, die ebenfalls von der sauberen Umwelt profitiert. Sie werden vor allem als Milchvieh für die Erzeugung hochwertiger Produkte gehalten. So hat Skyr, eine dicke, Joghurt ähnliche isländische Spezialität, auf Grund seines köstlichen Geschmacks sowie seines hohen Protein- und niedrigen Fettgehalts schnell viele Fans außerhalb Islands gewonnen. Auch Geflügel, Schweine und natürlich Islandpferde werden als Nutztiere gehalten. Letztere sind eine kleine und zähe Rasse, die sich mit ihrer einzigartigen Gangart an die Umgebung angepasst hat und sich so besser auf den endlosen Lavafeldern bewegen kann. Die Nutztiere Islands waren dort seit

Jahrhunderten isoliert und hatten deshalb mit vielen Krankheiten keine Berührung. Ackerbau und Gartenbau von dem rauen, unebenen Gelände und den wechselnden Wetterbedingungen hat der isländische Ackerbau auf interessante Weise profitiert. Die Unwirtlichkeit und die Isolierung des Gebiets sorgten dafür, dass Islands Natur und seine Erzeugnisse rein blieben. Die riesige Menge an geothermischer Energie unter ihrem Boden ist wertvoll für den isländischen Bauern. Zusammen mit Islands riesigen Ressourcen an sauberem Wasser hat diese erneuerbare Energie zahllose Möglichkeiten eröffnet, an denen noch geforscht wird.

Ein Großteil von Islands Agrarprodukten wird in modernsten, automatisierten Gewächshäusern erzeugt, die mit Erdwärme beheizt und elektrisch beleuchtet werden, um die geringe Sonneneinstrahlung in den Wintermonaten auszugleichen. Die Hauptprodukte der Gewächshäuser sind Tomaten, Gurken, Paprika, Kohl und Erdbeeren. Auf isländischen Feldern werden traditionell Mohrrüben, Rhabarber, Steckrüben, Kohl, Lauch, Kartoffeln, Blumenkohl und Grünkohl angebaut. Seit einigen Jahren gibt es auch erfolgreiche Experimente mit dem Anbau von Bio-Raps und Bio-Gerste. Isländische Produzenten stoßen weiter in neue und interessante Bereiche vor und vergrößern so die Vielfalt der Erzeugnisse. Isländische Wildpflanzen und Kräuter, wie Schafsampfer, Quendel, Birke und in der Brandung gesammelter Lappentang, werden häufig zum Würzen oder Ergänzen der Speisen verwendet. Zu den verbreitetsten Beeren in Island gehören die Heidelbeere, eine enge Verwandte der Blaubeere, aber kleiner und mit einem stärker ausgeprägten, komplexen Geschmack, sowie Brombeeren, rote Johannisbeeren und Krähenbeeren. Die Krähenbeere bedeckt das Land im späten August und September. Sie ist wie die Heidelbeere reich an Vitaminen und Antioxidantien.

Jagd und Angeln

Island ist ein Paradies für Angler. Die Gletscherflüsse wimmeln von Regenbogenforellen, Arktischen Saiblin-

gen und atlantischen Lachsen. Es gibt mehr als 100 Lachs-Flüsse in Island, die Angler aus der ganzen Welt anlocken, meistens nach dem Prinzip „Fangen und Freilassen". Der arktische Saibling ist der häufigste Süßwasserfisch in Island und in Flüssen und Seen im ganzen Land zu finden. Die wichtigsten Wildvogelarten, die in Island gejagt werden, sind Gänse (vor allem Graugänse) und Schneehühner, ein mittelgroßes Federwild aus der Familie der Raufußhühner. Diese sind traditionelle Bestandteile des isländischen Weihnachtsfestes. Auch einige wenige Seevögel werden in Island gejagt. Die einzige lokale Wildart in Island sind Rentiere, die im 18. Jahrhundert aus Norwegen nach Island gebracht wurden und vor allem im Osten des Landes zu finden sind. Das Jagen unterliegt in Island strengen Vorschriften, und die Populationen von Vögeln und Tieren werden genau beobachtet, um ihren Erhalt zu sichern. (Text und Fotos: Promote Iceland)

Isländische Fischerei

Island hat eine der weltweit modernsten und wettbewerbsfähigsten Fischerei-Industrien auf dem Grundsatz einer nachhaltigen Fangpolitik zum Schutze des marinen Ökosystems aufgebaut. Das isländische Fischerei-Management-System sorgt für eine verantwortungsbewusste Fischerei. Island beansprucht eine exklusive Fischerei-Schutzzone innerhalb 200 nautischer Meilen vor der Küste (insgesamt 758.000 Km^2) welche einige der reichsten Fischgründe der Welt beinhaltet. Das isländische Fischereimanagement basiert in erster Linie auf umfangreicher Erforschung der Fischbestände und des marinen Ökosystems mit dessen Biodiversität. Entscheidungen über die Festsetzung von Fangquoten werden auf der Grundlage von wissenschaftlichen Empfehlungen des Icelandic Marine Research Institute getroffen und tatsächliche Fangmengen werden wirksam durch die Fischereibehörde überwacht. Dies sind die zwei Säulen des isländischen Fischereimanagements und sollen einen verantwortungsbewussten und nachhaltigen Umgang mit den natürlichen Ressourcen des Ozeans sichern.

Meeresfrüchte sind seit jeher eine der führenden Exportprodukte Islands und die Meeresfrüchteindustrie bildet das Rückgrat der nationalen Wirtschaft. Ein verantwortungsbewusster Umgang mit den isländischen Fischereigründen ist eine Voraussetzung für ein nachhaltiges Bestehen der isländischen Meeresfrüchteindustrie und deren großen Anteil an Wirtschaft und Export. Die rasche Entwicklung der isländischen Fischerei-Industrie wurde begleitet durch die Entstehung von Fertigungs- und Service-Industrien, welche von der langjährigen Erfahrung in Fischfang und Verarbeitung profitieren. Die Fischereiflotte und die Verarbeitung an Land verwenden modernste Technologien in Software und Hardware, wie etwa digitale Waagen zur Steuerung von Verarbeitungsschritten an Bord und an Land oder Sortiermaschinen sogar für noch lebenden Fisch. Eine breite Palette von Behältern und Verpackungs- Materialien für die Verarbeitung, Lagerung und den Verkauf von frischen und gefrorenen Produkten werden ebenso in Island hergestellt wie diverse Arten

von Schleppnetzen, Booten, Sicherheitsausrüstung und Schutzkleidung. Isländische Hersteller haben bereits auf der ganzen Welt selbst entworfene Anlagen für Kunden aufgebaut, von Bootseigentümern bis hin zur Verarbeitungs-Industrie.

Die Fischerei ist eine Schlüsselindustrie

in Island und beschäftigt direkt etwa 7800 Menschen, was etwa 4,2 % der gesamten Arbeitnehmer entspricht. Der Wirtschaftszweig erwirtschaftet direkt 8,1 % des gesamten BIP, oder sogar 25 % wenn man indirekte Effekte mit einbezieht. Im Jahr 2015 erwirtschaftete der Export von Meeresfrüchten 265 Mrd. ISK (1,8 Mrd. Euro). Dies entspricht einem Zuwachs von 8 % im Wert gegenüber dem Vorjahr aber 3 % Rückgang in der exportierten Masse auf 632 000 t.

Tiefgefrorenes hatte einen Anteil von 47 % am Exportwert von Meeres-Früchten, welche 42 % der Gesamt-Exporte Islands darstellen. Island liegt mit 1,5 % des weltweiten Fischfangs an 18. Stelle der führenden Fischereinationen (2013). Europa ist mit ca. 70 - 80 % der Exportmasse der größte Abnehmer für isländische Meeresfrüchte in den letzten Jahren, wobei das Vereinigte Königreich seit Jahren der größte einzelne Absatzmarkt ist. Kabeljau trägt mit ca. 38 % den größten Anteil am Export. Es gibt 1663 Fischerei-Boote in Island (2015), 758 von ihnen haben schwere Ausrüstung und 46 von ihnen sind Trawler.

TAC 2016-2017 (HAUPTARTEN) TONNEN

Kabeljau (Gadus morhua)	244,000
Hering (Clupea harengus	63,000
Rotbarsch (Sebastes marinus)	47,205
Schellfisch (Melanogrammus aeglefinus)	34,600
Seelachs (Pollachius virens)	55,000
Schwarzer Heilbutt (Reinhardtius hippoglossoides)	13,536
Leng (Molva molva)	8,143
Gestreifter Seewolf (Anarhichas lupus)	8,811

(Text und Fotos: Promote Iceland)

Wichtige Verkehrszeichen

Geschwindigkeits-Begrenzungen

Die allgemeine Höchstgeschwindigkeit in Ortschaften ist 50 km/h. Auf Durchgangsstraßen wird durch Verkehrsschilder oft eine höhere Geschwindigkeit geregelt. Auf Anwohnerstraßen ist oft 30 km/h vorgeschrieben. Auf nicht asphaltierten Straßen ist die Höchstgeschwindigkeit 80 km/h und auf asphaltierten Straßen außerhalb von Ortschaften ist die vorgeschriebene Höchstgeschwindigkeit 90 km/h. Auch die isländische Polizei hat sowohl feste Blitzer als auch mobile Blitzpistolen und verhängt empfindliche Strafen bei Übertretung der Geschwindigkeit.

Asphalt Straße endet.

Blind Hill – unübersichtliche Anhöhe

Einspurige und verengte Straße / Brücke

Freilaufende Tiere auf Islands Straßen

Auf Island lebt eine geschätzte halbe Millionen Schafe.
Einwohner gibt es nur ca. 330.000.
Die Schafe bewegen sich auf ganz Island frei und sind damit für den Verkehr besonders zu beachten.
Manchmal befinden sich ein Schaf auf der einen Seite der Straße und das Lamm auf der anderen Seite der Straße. Beim Annähern eines Fahrzeugs kann es zum plötzlichen Seitenwechsel der Lämmer oder Muttertiere kommen. Hier ist es ratsam anzuhalten und den Tieren den Vortritt zu lassen.

EINBREID BRÙ
Auch auf der RingStraße gibt es diese verengten Straßenabschnitte oder Brücken. Die Vorfahrtsregel sagt: Wer zuerst an der Verengung angekommen ist, hat Vorfahrt.

Auch wenn die Straßenverhältnisse sehr schlecht sind, ist es verboten, die Straße zu verlassen und offroad weiter zu fahren. Sollte eine Weiterfahrt auf der Straße unmöglich sein, darf sie dennoch mit dem Fahrzeug nicht verlassen werden. In diesem Falle muss zurück gefahren werden. Die Isländische Polizei verhängt empfindliche Strafen bei Missachtung.

Anzahl der Tiere auf Island

Auf Island leben geschätzte:

500.000	Schafe
73.000	Rinder
77.000	Island Pferde
3.600	Schweine
226.000	Legehennen
3.000	wildlebende Rentiere

Rentiere gibt es vorwiegend im östlichen Hochland

Einspuriger Tunnel

Mout gebührenpflichtig

Schafe auf der Straße

Rinder oder Pferde auf der Straße

Reiter auf der Straße

Rentiere auf der Straße

Allrad vorgeschrieben

Vorsicht Rollsplitt

Nur Offroad-Fahrzeuge erlaubt

Langsam fahren

Flussdurchquerung

Unfallgefahr

Island Regionen & Tourismus Informationen

Flagge: Die Flagge ist blau mit einem roten Kreuz, welches weiß umrahmt ist. Die Farben symbolisieren Island: Das Rot steht für das vulkanische Feuer, das Weiß erinnert an Schnee und Gletscher, das Blau an den Himmel über Island.

Einwohnerzahl: 332.000 (Jan. 2016). Das Durchschnittsalter beträgt 35,6 Jahre.
Hauptstadt: Reykjavik.
Die größten Gemeinden Islands sind: Reykjavik (120.000); Kópavogur (33.000); Hafnarfjördur (28.000) Akureyri (18.000); Reykjanesbær (14.000).
Staatsform: Parlamentarische Republik
Amtssprache: Isländisch, eine nordgermanische, aus dem Altnordischen abgeleitete Sprache. Englisch wird ebenfalls verstanden und gesprochen.
Religion: Überwiegend christlich
Währung: Isländische Krone
Zeitzone: In Island liegt ganzjährig in der Zeitzone der Greenwich Mean Time (GMT)
Fläche: 103.000 km²
Gletscher: Gletscher bedecken 11.922 km² der Inseloberfläche. Der Vatnajökull-Nationalpark ist der größte Nationalpark Europas.
Höchste Erhebung: Hvannadalshnjúkur mit 2.110 m
Natürliche Ressourcen: Fisch, Wasserkraft, geothermische Energie.
Naturgefahren: Vulkanische Aktivität, Erdbeben, Lawinen, Gletscherabbrüche.

Hilfreiche Webseiten:
www.iceland.is
www.visiticeland.com
www.safetravel.is
www.en.vedur.is (Isländisches Wetteramt)
www.road.is
www.statice.is
www.en.island.is
www.cb.is (Zentralbank von Island)

Die Informationen dieser Seiten sind dem „press-kit-Island-thyska-april-2016" entnommen.
Aktuellere Infos über die Webseite „Inspired by Iceland"

REYKJAVIK

Die Hauptstadt von Island ist Reykjavik, wörtlich: „rauchende Bucht". Die kleine Bucht, in der die Stadt entstanden ist, erhielt ihren Namen im Jahre 874 von ihrem ersten Siedler Ingòlfur Arnarson. Gemäß einer alten Sitte warf Arnarson die Pfeiler seines ehemaligen Hauses aus Norwegen ins Meer, um dort seinen neuen Wohnsitz aufzubauen, wo sie angeschwemmt werden würden. Er fand seine Pfeiler in Reykjavik und kam auf den Namen „rauchende Bucht", als er dort heißen Dampf aus den Quellen aufsteigen sah. In Reykjavik und Umgebung leben ca. 120.000 Menschen. Die Stadt liegt an der Südwestküste von Island. Die meisten Isländer stammen von nordischen Siedlern ab. Durch die relativ hohe geografische und kulturelle Isolation der vergangenen Jahrhunderte gibt es Spuren der isländischen Geschichte im Überfluss. Island nutzt das alte System der Patronymika gemeinsam mit ganz Skandinavien. Kinder haben Nachnamen mit dem ersten Namen ihres Vaters gefolgt durch eine Endsilbe „-son" oder „-dòttir", (Sohn/Tochter). Die Mehrheit der Bevölkerung hat also relativ ähnliche Nachnamen. Durch die hohen Standards in der Gesundheitsvorsorge und die gesunde Ernährung haben die Isländer eine der höchsten Lebensqualitäten.

Sprache

Die Landessprache Isländisch leitet sich aus dem Altnordischen ab, das in den meisten Ländern Nordeuropas gesprochen wurde. Islands relative Isolation hat dafür gesorgt, dass die ursprüngliche Grammatik und der Wortschatz erhalten geblieben sind. Deshalb können Isländer in der Regel auch historische Manuskripte in altnordischen Handschriften lesen. Im modernen Isländisch haben sich besonders Aussprache und Vokabular verändert. Englisch wird von der Mehrheit der Bevölkerung gesprochen, da es ab einem Alter von zehn Jahren in der Schule ein Pflichtfach ist.

Religion

Neunzig Prozent der Bevölkerung gehören der lutherischen Kirche an, etwa ein Prozent der römisch-katholischen Kirche. Obwohl die ersten Siedler ursprünglich Heiden waren, konvertierte Island im Jahre 1000 nach Christus in Folge einer parlamentarischen Entscheidung zum Christentum. Einige heidnische Bräuche spiegeln sich bis heute in Symbolen und Feiern wider.

Kultur

Isländer stammen weitgehend von nordischen und keltischen Siedlern ab, noch heute besteht eine starke Verbindung zu Skandinavien. Die Familie ist Isländern enorm wichtig, traditionelle Familientreffen sind ein fester Bestandteil des Alltags. Das Land ist sehr kinderfreundlich und verfügt über eine höhere Geburtenrate als jeder andere Staat in der Europäischen Union. Wegen der nachhaltigen Produkte und der gesunden Umwelt haben die Isländer eine hohe Lebenserwartung. Von ihrer Mentalität her sind Isländer kreativ und handeln sehr eigenverantwortlich. Das Bildungsniveau im Land ist hoch, das Interesse an Kunst und Kultur weit verbreitet. Vor allem wollen die Isländer Spaß haben. Sie arbeiten hart, aber amüsieren sich genauso gern und lieben es, ihr Land mit Besuchern zu teilen. Es ist keine Übertreibung: Wenn Sie einmal in Island waren, haben Sie dort für immer Freunde gefunden.

HauptStraße in Reykjavik: Laugavegur

Sport-Events

Skifahren, Laufen und Radfahren rund um die Insel

Eisiger Wind weht um kalte Nasen, Staub und Vulkanerde schmiegen sich an Fahrradhosen und Muskeln brennen – Island Besucher können sich das ganze Jahr über bei Veranstaltungen von Radrennen über Bergläufe bis hin zu Ski- und Snowboard-Wettbewerben sportlichen Herausforderungen in einzigartiger Umgebung stellen. Weitere Informationen zu den Events gibt es unter www.iceland.is/events-in-iceland

AK Extreme in Nordisland

Im Norden Islands toben sich wagemutige Wintersportler in Schnee-Arenen aus: Hauptattraktion des Festivals ist die Eimskip Big Jump – eine Schanze für Extremsportler, gebaut aus 15 Schiffscontainern. Bei spektakulären Sprüngen über Autos und brennende Geländer stockt den Zuschauern der Atem und die Sportler genießen ihren Auftritt. Jede Show und jeder Wettkampf werden mit einer Party für Besucher und Teilnehmer gefeiert. www.akx.is

Fossavatnsgangan Skirennen in den Westfjorden

Das Fossavatnsgangan in Ísafjörður ist das älteste Skirennen in Island. Erstmalig starteten Ski-Langläufer den Wettbewerb im Jahr 1935. Seit 1956 wird der Wettbewerb jährlich zum Familien-Erlebnis: Teilnehmer wählen zwischen Streckenlängen von 50, 25 oder 12,5 Kilometern. Kinder zeigen ihr Können auf einer Fünf- oder Ein-Kilometer-Strecke. Am 29. April, dem Abend des 50-Kilometer-Rennens, feiern Teilnehmer und Zuschauer die Fossavatnsparty mit einem köstlichen Fisch- und Meeresfrüchte-Buffet sowie Livemusik. www.fossavatn.com

Arctic Open in Nordisland Golf

Golfen in der Mitternachtssonne: In Akureyri spielen Golf-Fans unter einem rot und gelb gefärbten Himmel um den Gewinnertitel der „Arctic Open Golf Championship". An den zwei Wettbewerbstagen spielen die Teilnehmer je 18 Löcher. Am Abend des letzten Turniertages feiern sie gemeinsam den Sieger bei einem festlichen Dinner. Der Wettbewerb ist sowohl für Profi- als auch für Amateur-Golfer offen.
www.arcticopen.is

Dyrfjallahlaup in Ostisland Geländelauf

Bei einem 23-Kilometer-Geländerennen meistern ausdauerstarke Läufer die Route über das Gebirge Dyrfjöll. Übersetzt bedeutet der Name „Türgebirge" nach dem Pass Dyr, der durch den Gebirgskamm führt und eine Art Tor bildet. Auf dem Dyrfjallahlaup überwinden einheimische und internationale Läufer über 1.000 Höhenmeter und genießen den Ausblick von der Spitze des Gebirges auf den Osten Islands. Alle sechs Kilometer ist eine Wasserstation eingerichtet.
Die erste Anmeldephase für den Lauf ist bis zum 31. Mai geöffnet.
Danach erhöht sich die Anmeldegebühr.
www.thuletrails.com/dyrfjallahlaup

Von Seemonstern und Geschichtenerzählern

Ob auf der Suche nach dem Seemonster Lagarfljótsormur oder beim Treffen mit lokalen Geschichtenerzählern: In Island gibt es für Touristen verschiedene Möglichkeiten, in die lebendige Welt der Island-Sagas einzutauchen. Vielfältige Angebote wie kundige Reiseführer und ausgewiesene Saga-Trails vermitteln in den Regionen des Landes das nordische Kulturgut auf lebendige Art und Weise.
Schon im Vorfeld der Reise erfahren Geschichtsinteressierte im neuesten Video-Tutorial „Isländische Sagas für Anfänger" der „Iceland Academy" einiges über die Heldengeschichten der Insel.
www.inspired.visiticeland.com/academy

Unter www.sagatrail.is finden Island-Besucher ausführliche Saga-Guides und lernen alles über die geografische Herkunft der Geschichten in den einzelnen Regionen. Tipps für Tagestouren und geschichtliche Hintergründe ergänzen das Angebot.

GPS-affine Wanderer und Saga-Fans erhalten unter www.sagamap.hi.is wichtige Informationen über die Schauplätze und lesen die dazugehörigen Erzählungen der Sagas auf Altisländisch. Die komödiantische Show „Icelandic Sagas – The greatest Hits" nimmt Besucher des Konzerthauses Harpa in Reykjavik mit auf eine Reise in die Vergangenheit.
www.icelandicsagas.com

Quelle: BZ.COMM, Pressemitteilung ITB

Neues Informationszentrum „LAVA" in Island

LAVA Volcano & Earthquake Centre eröffnet im Juni 2017 in Hvolsvöllur

Ab dem 1. Juni 2017 erfahren Reisende im neuen LAVA Volcano & Earthquake Centre in Hvolsvöllur alles über die elementaren Kräfte der Natur, die Island geformt haben. Als eine der „jüngsten" Inseln des Planeten ist Island mit seiner Welt aus Feuer und Eis in vielerlei Hinsicht einzigartig. Das neue Informationszentrum im Süden widmet sich den örtlichen Vulkanen wie dem Eyjafjallajökull, der durch seinen Ausbruch 2010 weltweite Bekanntheit erlangte und an dessen Fuß das Informationszentrum LAVA liegt.

Kern von LAVA ist eine interaktive Ausstellung zur Geologie und zum einheimischen Vulkansystem. In acht Räumen und Korridoren laden interaktive oder visuelle Displays zum Mitmachen und Interagieren ein. Geologie und Vulkanologie werden dabei erlebbar gemacht und auch sensitiv erfahren: Ein Zittern des Fußbodens imitiert ein kleines Erdbeben, in den Räumen herrschen unterschiedliche Temperaturen, und auch die Geräusche sind verschieden.

Außerdem sehen die Besucher neben Filmen und Fotos Lavasteine und anderes vulkanisches Material von früheren Eruptionen – einiges zum Anfassen. Im Geologie-Informationszentrum geben Mitarbeiter weitere Einblicke, es sind auch Vorträge geplant. Eine zwölf Meter hohe Konstruktion bildet außerdem den Mantelplume unter Island nach – jenen Aufstrom außergewöhnlich heißen Gesteins im Erdmantel unter der Insel, der als Ursache für ihre Entstehung gilt.

Zum LAVA-Komplex gehört auch ein Kino, in dem ein zwölfminütiger Film über die Vulkanausbrüche in Island von 2010 bis 2014 gezeigt wird. Ein Restaurant, eine 360-Grad-Aussichtsplattform auf dem Dach des speziell entworfenen Gebäudes, eine Touristeninformation und ein Souvenirgeschäft runden das neue Besucherangebot ab.

LAVA befindet sich rund 100 Kilometer südöstlich von Reykjavik. Ein Besuch eignet sich somit auch für Tagesausflüge von der Hauptstadt aus.
Nahe der Stadt Hvolsvöllur finden sich einige der bekanntesten Sehenswürdigkeiten Islands wie die Wasserfälle Skogafoss und Seljalandsfoss, der Vatnajökull-Gletscher und die Westmännerinseln.

Weitere Informationen und erste Eindrücke gibt es unter: www.lavacentre.is,
Informationen zur Region sind auf:
www.south.is erhältlich.

Perlan Museum

Im Sommer 2017 eröffnet das Perlan Museum in Reykjavik: Auf den zwei Stockwerken eines alten Wassertanks breitet sich dort ein künstlicher Gletscher aus. In der naturgetreuen Nachbildung einer Eishöhle entdecken Besucher die Geschichte sowie die Zukunft der Gletscher, ihre Gefahren und Geheimnisse. Erklimmen die Gäste das zweite Stockwerk des Tanks, erleben sie einen 360-Grad-Ausblick von der Spitze des nachgebildeten Vatnajökull-Gletschers. Die Aussichtsplattform des Museums ist bereits für Besucher geöffnet und bietet den besten Blick über ganz Reykjavik. Für 2018 sind weitere Neuerungen im Perlan Museum geplant: Die Eröffnung des ersten Planetarium Islands sowie eine Ausstellung über Vulkane und Erdbeben, Ozeane und die isländische Vegetation.
www.perlanmuseum.is

Perlan Glaskuppel von innen

Hey Iceland – neue Self-Drive-Tour

Die neue Self-Drive-Tour „Feuer und Eis – Innen und Außen" des Reiseveranstalters Hey Iceland bietet individuelle Einblicke in die Welt der Gletscher. Zwischen 1. Mai und 30. September finden die Touren statt. Zum Paket gehören ein Mietwagen für 15 Tage, 14 Übernachtungen, Zugang zum Vulkanmuseum in Eldheimar und zum Besucherzentrum des Eyjafjallajökulls. Auch eine Fahrt im Amphibienboot in der Jökulsárlón-Gletscherlagune und der Aufenthalt im Mývatn Natur-Bad sind enthalten. Highlight der Reise ist die „Into the Glacier"-Tour am Langjökull-Gletscher. www.heyiceland.is

Die Top Saga-Orte West-Island & Westfjorde

Im Reykholtsdalur, dem „Reykholts-Tal", lebte im 12. Jahrhundert der berühmte Saga-Autor Snorri Sturlusson. Das Kulturzentrum Snorrastofa in Reykholt liefert Wissenswertes über sein Leben und Werk. Im Ort befindet sich außerdem einer der ersten Naturpools Islands – schon der Saga-Autor selbst soll hier gebadet haben.
www.snorrastofa.is

Auf der Halbinsel Snæfellsness erfahren Besucher alles über die Eyrbyggja-Saga von einheimischen Geschichtenerzählern: Die örtlichen Storyteller in Grundarfjörður stehen sowohl für private Führungen zur Verfügung, als auch für Treffen an historisch bedeutsamen Orten oder für Wanderungen. Mit dem Helgafell, dem „Heiligen Berg", befindet sich eine der heiligen Stätte der ersten Siedler in der Region.
www.west.is/localstorytellers

Das Hauka-Tal in den Westfjorden ist Schauplatz der Erzählungen über Gísli Súrsson. Der große Krieger wurde nach seinen Taten in den Geirþjósfjörður verbannt – ein einsamer Fjord, der auch heute nur per Boot oder zu Fuß erreichbar ist. Lokale Anbieter führen Reisende auf ihren Geschichts-Touren zu dem abgelegenen Ort. Highlight der Region ist ein rekonstruierter Steinkreis aus der Wikinger-Zeit. www.sagatrail.is/hauka-tal

Ost-Island

Die Stadt Eglisstadir ist für Geschichts-Interessierte ein geeigneter Startpunkt: Auf ausgeschriebenen Touren zwischen der Fljótsdalshérað-Region und dem Hrafnkels-Tal wandeln die Besucher auf den Spuren des Häuptlings und Priesters Hrafnkell und lernen mit ortskundigen Guides die Geschichte der Saga kennen. Im August wird der Hrafnkell-Tag mit Spielen und Wettkämpfen, handgemachten Schmuckstücken sowie Musik aus der Saga-Zeit gefeiert. www.hrafnkelssaga.is

Gekennzeichnete Wanderwege führen durch den Wald von Hallormsstaður mit seinen über 80 Baumarten. In der Nähe finden Besucher ein weiteres Highlight der Region: Im See Lagarfljót sollten Schwimmer auf ihre Zehen achten, da nach alter Saga-Erzählung das Seemonster Lagarfljótsormur den See sein Zuhause nennt.
www.visitegilsstadir.is/en/things-to-see/hallormsstadur-national-forest

Im nördlichen Teil Ost-Islands entstand zwischen dem neunten und elften Jahrhundert eine Saga über die Vopnafjörður-Bewohner. Sie erzählt die Geschichte zweier Familien, die im ständigen Streit miteinander lebten und sich bekämpften. Die historischen Orte wie der Torfhof Bustarfell oder das ausgegrabene Langhaus im Vopnafjörður gewähren Besuchern Einblicke in die Vergangenheit.
www.vopnafjardarhreppur.is

Nord-Island

Die Saga der Menschen im Vatns-Tal erzählt die Geschichte einer Sippe und ihres Anführers Ingimundur der Alte. Island-Besucher besichtigen eine alte Steinkirche in Þingeyri, spüren den Geist vergessener Schlachten in Borgarviki – einer naturgeformten Felsenfestung – und können sich durch eigene Stickereien und Spenden auf einem 46 Meter langen Wandteppich mit Saga-Motiven verewigen.
www.sagatrail.is/tapestry

Drangey Island, eine kleine Insel im nördlichen Skagafjörður, gilt als Heimatort von Grettir dem Starken. Der temperamentvolle Nordmann soll nach dem Durchqueren des eiskalten Ozeans ein Bad in einer hiesigen heißen Quelle genommen haben. In dem Pool namens Grettislaug können Besucher noch heute in frühere Zeiten abtauchen und dabei auf Grettis Heimatinsel schauen.
www.visitskagafjordur.is

Der Sturlung-Trail im Skagafjörður führt seine Besucher entlang historischer Orte wie Haugnes und Hólar durch die geschichtsträchtige Gegend. Die Familienclans Sturlung und Ásbjörn waren hier beheimatet und trugen während eines langen Krieges ihre Kämpfe aus. In Gásir berichten archäologische Funde über den wichtigsten Handelsplatz des Mittelalters:
Am alten Handelshafen informieren sich die Besucher über die Geschichte und Bedeutung der Handelsstätte und werden im Sommer Teil eines bunten Marktspektakels. www.skagafjordur.is

Islands Kriminalliteratur-Festival mit Lesungen, Interviews und spannenden Krimi-Events in der ganzen Stadt.
Infos unter :
www.iceland-noir-iocy.squarespace.com

Island: Festival-Highlights

Kultur-Events rund um die Insel

Einheimische und internationale Musiker, Ausstellungen von Design bis Fotografie sowie Lesungen und Workshops machen Island ganzjährig zu einem spannenden Reiseziel für Kultur-Fans.
Über die gesamte Insel verteilt, kommen sowohl Musikliebhaber von Rock bis Pop als auch Kunstexperten und Leseratten bei verschiedensten Veranstaltungen auf ihre Kosten. Erstmals findet zum Beispiel das legendäre Musik-Festival Iceland Airwaves zusätzlich in Akureyri im Norden Islands statt.
Dass Festivals und andere Events wie das Hummer-Festival in Höfn besondere Bedeutung für die Isländer haben, zeigt die begeisterte „Tutorin" Kamilla Ingibergsdóttir im Rahmen der Kampagne „Iceland Academy" im Video „A Guide to Icelandic Festivals".
Weitere Informationen zu den Events gibt es unter
www.visiticeland.com/things-to-do/culture/festivals/.

Festival-Highlight Sónar Reykjavik

Geballte Musik-Power vertreibt den Winterblues – das ist das Motto des Musik-Festivals Sónar Reykjavik. Mit einheimischen Künstlern und internationalen Interpreten lockt das Dance- und Elektronik-Festival bis zu 3.500 Besucher in die Hauptstadt.
Auf insgesamt fünf Bühnen werden an drei Festival-Tagen die neuesten Trends der elektronischen Musikszene zelebriert. Highlight ist das unterirdische Parkhaus des Konzerthauses „Harpa", das zum Nachtclub mit unterschiedlichsten DJ-Performances umfunktioniert wird.
www.sonarreykjavik.com

DesignMarch Reykjavik

Neueste und innovative Designartikel aus den Rubriken Möbel, Kleidung und Architektur zeigt der „DesignMarch" in Reykjavik.
Über das gesamte Stadtgebiet stellen lokale Designer ihre Stücke aus und zeigen den Besuchern Trends und Wegweiser der isländischen Designszene. Neben Ausstellungen finden bei insgesamt über 100 Events auch Seminare, Workshops und Partys statt, die jährlich rund 30.000 Besucher anlocken.
www.designmarch.is

Reykjavik International Literary Festival

Jedes zweite Jahr kommen Schriftsteller aus Island und aller Welt in Reykjavik zum internationalen Literatur-Festival zusammen, um der isländischen Leserschaft neueste Trends vorzustellen.
Gemeinsame Gespräche, Interviews und Lesungen bilden den Rahmen des Festivals. Literaturgespräche bei einem Glas Wein und der jährliche Literatur-Ball runden das Event ab.
Schrifsteller wie der japanische Bestseller-Autor Haruki Murakami haben das Festival bereits mit ihrer Teilnahme beehrt.
www.boKmenntahatid.is/the-reykjavik-international-literary-festival

Blick von der Perlan-Dachterrasse über Reykjavik

Sicherheitshinweise

Wichtige Informationen zu den isländischen Straßenverhältnissen und Informationen erhalten Sie unter:

www.safetravel.is

Online Videokameras unter:

vegasja.vegagerdin.is

Quelle: BZ.COMM, Pressemitteilung ITB

BMW Motorrad

BMW R 1200 GS Adventure

Motor:	Luft-/Flüssigkeitsgekühlter Zweizylinder-Viertakt-Boxermotor mit zwei obenliegenden, stirnradgetriebenen Nockenwellen und einer Ausgleichswelle
Bauart	Bohrung x Hub 101 mm x 73 mm
Hubraum	1.170 ccm
Nennleistung	92 kW (125 PS) bei 7.750 U/min
max. Drehmoment	125 Nm bei 6.500 U/min
Verdichtungsverhältnis	12,5 : 1
Kraftstoffaufbereitung	Elektronische Saugrohreinspritzung
Abgasreinigung	geregelter 3-Wege-Katalysator, Abgasnorm EU-4
Höchstgeschwindigkeit	über 200 km/h
Verbrauch nach WMTC	4,96 l
Tankinhalt / Kraftstoffart	30 Liter / Super bleifrei 95 (ROZ)
Elektrik	Drehstromgenerator 510 W (Nennleistung)
Batterie	12 V / 11,8 Ah, wartungsfrei

Die R 1200 GS ab Modelljahr 2016: Im Hinblick auf noch mehr Sicherheit beim Motorradfahren erweitert sich ihr Umfang an Sonderausstattungen um das schräglagenoptimierte ABS Pro sowie das dynamische Bremslicht (in Verbindung mit Sonderausstattung Fahrmodi Pro). Die Neuerungen der R 1200 GS im Überblick: ABS Pro und dynamisches Bremslicht als Sonderausstattung (Dynamisches Bremslicht ist aktuell nur für EU-Märkte erhältlich).

Ausstattung:	202 Tagfahrlicht, 222 Schaltassistent Pro, 230
Comfort-Paket Adventure	(350 Abgasanlage verchromt, 519 Heizbare Griffe, 530 RDC), 233
Touring-Paket Adventure	(191 Dynamic ESA, 221 Bordcomputer Pro, 272 Vorbereitung für Navigationsgerät, 538 Temporegelung, 562 Zusatzscheinwerfer, 680 Kofferhalter für Alukoffer), 235
Dynamic-Paket Adventure	(192 LED Scheinwerfer, 224 Fahrmodi Pro, 590 LED Blinkleuchten weiß, 5AC ABS Pro), 193 Keyless Ride, NOL Racing-Red uni matt. Sitze zweifarbig.

Sonderzubehör:	BMW Alukoffer mit gleichschließenden Schlössern BMW Navigator 6

Serien Reifen:	Standard vorn:	Michelin 120/70 R19 M/C 60V TL
	Standard hinten:	Michelin 170/60 R17 M/C 72V TL
Tour-Reifen für Island:	Heidenau vorn:	K 60 Scout 120 70 B 19 M/C
	Heidenau hinten:	K 60 Scout 120 70 B 17 M/C

„Shake Hands" für allzeit gute Fahrt wünscht Kuno (rechts, BMW Stüdemann)

BMW Motorrad 

BMW R 1200 GS TRIPLE BLACK

Motor:	luft-/ölgekühlter Zweizylinder-Viertakt-Boxermotor, eine Ausgleichswelle, je zwei obenliegende, kettengetriebene Nockenwellen vier Ventile pro Zylinder, Schlepphebel, Nasssumpfschmierung, Einspritzung Ø 50 mm, geregelter Katalysator, Lichtmaschine 720 W, Batterie 12 V/14 Ah, hydraulisch betätigte Mehrscheiben-Ölbadkupplung (Anti-Hopping) Sechsganggetriebe, Kardan, Sekundärübersetzung 32:11.
Bauart	Bohrung x Hub 101 mm x 73 mm
Hubraum	1.170 ccm
Nennleistung	81 kW (110 PS) bei 7.750 U/min
max. Drehmoment	120 Nm bei 6.000 U/min
Verdichtungsverhältnis	12,0 : 1
Kraftstoffaufbereitung	Elektronische Saugrohreinspritzung
Abgasreinigung	geregelter 3-Wege-Katalysator, Abgasnorm EU-4
Höchstgeschwindigkeit	über 200 Km/h
Fahrwerk	tragender Motor-Getriebe-Verbund, Längslenker geführte Telegabel, Ø 41mm, mit ESA: verstellbare Federbasis und Zugstufendämpfung Zweigelenk-Einarmschwinge aus Alu, Zentralfederbein, direkt angelenkt, Doppelscheibenbremse vorn, Ø 305 mm, Vierkolben-Festsättel, Scheibenbremse hinten, Ø 265 mm, Doppelkolben-Schwimmsattel, Teilintegral-Bremssystem mit ABS Schlupfregelung.
Maße + Gewichte	Radstand 1507 mm, Lenkkopfwinkel 64,3 Grad, Nachlauf 101 mm, Federweg v/h 190/200 mm,
zulässiges Gesamtgewicht	440 kg,
Tankinhalt	20,0 Liter.
Service-Daten	Service-Intervalle: 10000 km, Öl- und Filterwechsel: alle 10000 km/4,0 l Motoröl: SAE 5 W 40, Zündkerzen: NGK [DCPR8EKC] Leerlaufdrehzahl: 1100 ± 50/min

Serien Reifen:	Standard vorn:	Michelin 110/80 R 19
	Standard hinten:	Michelin 150/70 R 17
Tour-Reifen für Island:	Heidenau vorn:	K 60 Scout 110 80 R 19 M/C
	Heidenau hinten:	K 60 Scout 150 70 R 17 M/C

„Shake Hands" für allzeit gute Fahrt wünscht Helge (rechts, BMW Stüdemann)

Ausrüstung

Anzug und Handschuhe

ISLAND ist auch im Sommer ein Land mit sehr unterschiedlichen Witterungsbedingungen. Gut wenn man dieser Tatsache bei der Planung entsprechend Beachtung schenkt. Getreu nach dem alten Spruch: Es gibt kein schlechtes Wetter – es gibt nur ungeeignete Kleidung, haben wir uns nach einer Motorradbekleidung umgesehen, die uns möglichst bei jedem Wetter angenehm reisen lässt.
Wichtigste Priorität für uns:
Nicht frieren und nicht nass werden.
Das ist für ISLAND schon eine echte Aufgabe. Denn die Temperaturen können auch im Sommer zwischen 3 und 20 Grad schwanken. Sonne und Regen können mehrmals am Tage wechseln. Die Kleidung, die diesen Ansprüchen genügt, muss also extrem flexibel sein. Nachdem wir uns in diversen Motorrad Bekleidungs-Läden umgesehen hatten, kamen nur noch wenige Marken in Frage. Unsere Favoriten sind Touratech, Büse, Stadler und Rukka.
Letztendlich entscheiden wir uns für einen Rukka Funktions-Anzug. Die Finnen kennen sich halt mit Schnee, Regen, Kälte und sonnigem Wetter gut aus.
Der „Realer" Funktionsanzug ist aus elastischem Gore-Tex Pro Dreilagenlaminat hergestellt und mit einem Rukka D30 Air Brustprotektor und YKK AquaSeal Frontreißverschluss ausgestattet. Was auch immer diese Bezeichnungen bedeuten: Hauptsache warm und wasserdicht. Das für uns entscheidende Extra daran ist der hochwertige Daunen-Innenanzug. Den Designern ist es gelungen, einen herrlich warmen Innenanzug mit hochwertiger Daunenfüllung zu entwickeln. Der Daunenanzug trägt nur wenig auf, so dass der Außenanzug auch mit dem Daunenanzug darunter bequem zu tragen ist. Zudem gibt es abriebfeste Verstärkungen aus Armacor die zusätzliche Sicherheit versprechen. Ein haut-freundlichen Kragen und ein abnehmbarer Halsschutz gewährleistet einen hervorragenden Übergang zwischen Anzug und Helm. Weiter überzeugt uns der wind- und wasserabweisende Ärmelabschluss und die Belüftungsreißverschlüsse an Jacke und Hose, die bei Bedarf für Frischluftzufuhr sorgen. Das ist besonders angenehm, wenn die Sonne heraus kommt und es in kurzer Zeit deutlich wärmer wird. Insgesamt acht Taschen bieten jede Menge Stauraum. Die CE-zertifizierten Protektoren an den Gelenken und die „All Back Protektor" am Rücken werden im Realer zusätzlich von einem leicht herausnehmbaren Brustprotektor ergänzt. Diese sind nach der aktuellen PPE Direktive geprüft. Die Rukka D30 Air Protektoren verbinden dank ihres weichen Materials, das den Aufprallschutz im Augenblick der Schlageinwirkung vervielfacht, optimalen Komfort mit höchster Sicherheit. Außerdem bietet der Anzug auch zahlreiche Verstellmöglichkeiten für die Weite, sowie rutsch hemmendes Antiglide-Keprotec auf der Außenseite des Hosenbodens. Hört sich alles sehr vielversprechend an. Der Preis hat es zwar in sich, aber lieber ein paar Euro mehr investieren und dafür auch bei Regen im Trocknen sitzen und es schön warm haben. Das hab ich mir nicht alles selbst ausgedacht, sondern in der Beschreibung nachgelesen.

Als Handschuhe haben wir Rukka Airium als „Standardhandschuh" für die Fahrt ausgewählt. Er lässt sich ausgesprochen angenehm tragen. Das Material ist sehr soft. An den Hand- und Fingerknöcheln sind Protektoren eingearbeitet und die Handinnenfläche ist zusätzlich verstärkt. Der Touchscreen des BMW-Navi 6 lässt sich mit dem Handschuh gut steuern. Das macht es natürlich sehr viel einfacher etwas anderes einzustellen. Selbst bei 5 Grad im Hochland habe ich diese Handschuhe getragen. Allerdings mit Griffheizung, die ich auf kleiner Stufe sehr oft angestellt habe. Sie sind jedoch nicht wasserdicht. Bei stärkerem Regen und kaltem Fahrtwind habe ich dann doch die Winterhandschuhe angezogen. Diese sind mit Gore-Tex verarbeitet, sind wasserdicht und halten sehr warm.

Rukka Airium Handschuh

Rukka Winter Harros Handschuh
mit Gore-Tex und Goregrip

NeoTech Helm mit SENA Kommunikations System

Der „Realer" Funktions-Anzug aus Gore-Tex Pro Dreilagenlaminat Strech ist mit einem Rukka D30 Air Brustprotektor ausgestattet.

Foto: ©Heino Helmcke

Die Anfänge der Marke RUKKA

1950 gründet der Finne Roger Störling eine Firma, die anfangs Jogging-Anzüge und wenig später auch wasserdichte Bekleidung für Segler produziert. 1966 nimmt das Unternehmen den Namen „Rukka" an, der sich aus dem Spitznamen des Firmengründers ableitet. Die Flaggen im heutigen Firmenlogo stehen für die Buchstabenfolge R-U-K-K-A im international gültigen Flaggenalphabet – eine Hommage an den Segelsport, des damaligen Kerngeschäftes von Rukka.

Anfang der 80er macht sich RUKKA einen Namen mit robusten Regenkombis für Motorradfahrer. Ab 1986 konzentrieren sich die Aktivitäten auf den Zweiradbereich. Auf der Internationalen Fahrrad- und Motorrad-Ausstellung IFMA in Köln stellt RUKKA als erster Bekleidungshersteller wasserdichte und zugleich atmungsaktive Textilanzüge für Motorradfahrer vor.

Die Entwicklung zur High-Tech-Marke

Die Rukka Anzüge der späten 80er Jahre geben den Anstoß für eine neue Generation von Motorradbekleidung, die hervorragende Abriebwerte, damit ein hohes Maß an Sicherheit und außerordentlich hohen Tragekomfort bieten. Der Slogan „defence & comfort" wird geprägt. Die weitgehende Verdrängung von Lederbekleidung durch textile Motorradanzüge im Tourensport-Segment nimmt ihren Anfang.

RUKKA festigt in der Folgezeit bis heute den Ruf einer High-Tech-Marke dadurch, dass man die revolutionären Neuerungen der Branche in der Regel als erster Motorradbekleidungshersteller einführt. Diese werden oftmals gemeinsam mit Zulieferern wie Gore, Dupont, Dow Corning, D30 und 3M entwickelt. Dazu gehören so fortschrittliche Features wie das extrem luftdurchlässige Außenmaterial Cordura AFT, das hoch abriebfeste Cordura/Kevlar-Mischgewebe Armacor, der Temperatur regulierende Outlast-Futterstoff, luftdurchlässige und aktive Protektoren sowie die jeweils leistungsfähigsten Gore-Tex Klimamembranen.

Foto links: Heino, Matthias Kroner von Rukka und Marcus auf dem ADAC Hansa Übungsgelände Embsen bei Lüneburg

Foto: Rukka

So poppig war einmal Motorradbekleidung. Heute tragen die meisten Motorradfahrer schwarze Kleidung. Die bunte Kleidung erzeugt im Straßenverkehr sicherlich viel mehr Aufmerksamkeit und dadurch auch mehr Sicherheit. Vielleicht sollten wir wieder bunter denken.

In voller Ausrüstung auf der Landstraße 82 nördlich von Dalvik, 50 km nördlich von Akureyri.

BMW R 1200 GS LC mit BMW Koffern. sw-motech Zusatztaschen auf den Koffern. Touratech Extratasche mit Gummispanngurten befestigt. BMW Garmin Navi 6 über Bluetooth mit dem Handy und dem Helm verbunden. Shoei Neotec Helm mit SENA U10 Kommunikationssystem. Dieses verbindet die Fahrer auf freier Fläche über etwa 1 km. Rollei AktionCam mit Outdoorset und Fernbedienung am Lenker. (hat sich leider nicht bewährt). Die GoPro ist am anderen Motorrad und besser. Reifen: Heidenau K60 Scout. Ca. 4 cm tieferer Sattel von Touratech. Das macht sich besonders im Gelände sehr positiv bemerkbar.

Rukka Realer Anzug, wasserdicht und mit allen Protektoren sehr bequem zu tragen. Rukka Airium Handschuhe, die ich fast immer getragen habe. Die Winterhandschuhe kamen nur einmal zum Einsatz. Allerdings sind wir fast immer mit Griffheizung gefahren. Hier auf dem Bild mit Touratech DESTINO Adventure Stiefel. Rundum eine super Ausrüstung.

Unsere Helme

Wir haben uns für den Shoei Neotec Klapphelm entschieden.
Alternativ haben wir den Schubert C4 oder E1 in Erwägung gezogen.
Nachdem wir das Internet nach Tests durchforstet hatten und bei diversen Händlern Helme ausprobierten, haben wir uns für Shoei Neotec entschieden.

Hier die wichtigsten Daten zu dem Helm wie sie bei „Louis" angegeben werden:

Bei dem Shoei NEOTEC Klapphelm ist der japanischen Edelhelmschmiede ein kleines Kunststück gelungen: die spezielle Form der Außenschale im Stirnbereich bietet Platz für das Sonnenvisier. Die Innenschale behält so ihre volle Stärke für beste Dämpfungseigenschaften.

Visier:	klar, mit Pinlock Anti-Beschlag-Innenscheibe
Sonnenblende:	integriert, getönt, mit Beschlag hemmender Beschichtung
Material:	AIM (Advanced Integrated Matrix)
Helmschalengrößen:	3 (XS-M, L, XL-XXL)
Verschluss:	Ratschenverschluss aus Edelstahl
Gewicht:	ca. 1.600 g
Futter:	3D-geformte Innenausstattung, komplett herausnehm- und waschbar, integrierbare Ear-Pads zur Geräuschreduzierung
Belüftung:	Kinn- und Oberkopfbereich, verstellbar sowie Entlüftungen am Hinterkopf, permanente Ventilation
Sonstiges:	inklusive Wind- und Atemabweiser
Prüfungen:	ECE 22.05
Gut zu wissen:	SONNENBLENDE Die Sonnenblende ist mit einer Antibeschlag Beschichtung ausgerüstet. Die Bedienung ist auch mit Handschuhen möglich. UV-Strahlung wird zu 99 % blockiert.
Leicht zu wechseln	MICRO-RATCHET VERSCHLUSS Der Micro-Ratchet Helmverschluss besteht zu 100 % aus Edelstahl. Er lässt sich bequem öffnen und schließen. Zudem ist das Justieren sehr einfach.

BELÜFTUNG/AERODYNAMIK
Im Vergleich zu dem Vorgängermodell ist bei diesem Helm der Luftdurchsatz zu 276 % verbessert.
Dafür sorgen mehrfache Luftein- und auslässe. Ein speziell entwickelter Turbulenz-Generator dient zur Optimierung des Luftstroms. Glatte Oberflächen tragen zur Reduzierung von Turbulenzen bei.
5-LAGIGE FIBERGLASSCHALE: Die 5-lagige Fiberglasschale besteht aus AIM Multi-Composite Faserlagen. Dadurch ist Helmschale insgesamt sehr steif bei geringem Gewicht und optimaler Stabilität.
HERAUSNEHMBARES INNENFUTTER

Als „altem" Designer gefällt mir, wie auf dem Bild zu sehen, die Kartons – versetzt zueinander gestellt- wieder das SHOEI Logo zeigen. Ein Indiz, dass bei Shoei auch „nicht so wichtigen Dingen" große Aufmerksamkeit geschenkt wird.
Finde ich gut!!!

Erfahrungen mit den Helmen Shoei Neotec dem PINLOCK und dem SENA 10U System

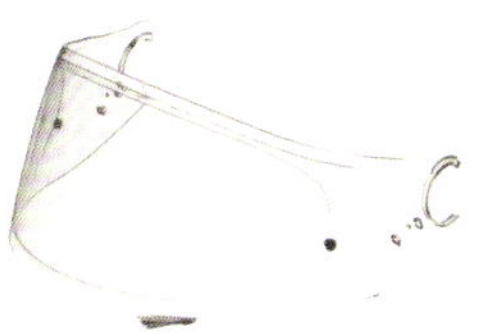

PINLOCK

Unsere Ausrüstung wird langsam immer weiter vervollständigt. In das Visier haben wir die „zweite Scheibe" eingesetzt. Sie nennt sich „PINLOCK evo". Diese ist beschlaghemmend und für verschiedene Visiere von Shoei einsetzbar. Man muss nur wissen wie man die Scheibe einsetzt. Zum Glück liegt eine detaillierte Beschreibung bei. Heino hat es bei seinem Helm schon mal ausprobiert. So benötigen wir bei meinem Helm nur wenige Minuten. Der Test auf der Straße zeigt, dass das System gut funktioniert.

SENA 10U System

Unsere nächste Errungenschaft ist das Kommunikationssystem von SENA. Wir haben uns für das SENA 10 U entschieden. Es wurde von SENA extra für den Einbau in den Shoei Neotec Helm entwickelt. Der Verkäufer Herr Hacksteter bei Louis ist nicht nur super kompetent und nett – er baut die Systeme auch gleich vor Ort ein. Und das kostenlos, obwohl es für beiden Helmen schon einige Zeit dauert. Mein erster Test, um zu überprüfen, ob sich der Helm mit meinem Samsung Handy „unterhalten" kann, funktioniert sofort. Mit dem iPhone funktioniert es genauso schnell. Die Funktionen „Anruffunktion und Medien Wiedergabe waren auf dem Handy schon voreingestellt. Wäre das nicht der Fall gewesen, hätte ich sicher lange suchen müssen.

S. Hacksteter. Sena 10U Einbau bei Louis

Als erstes höre ich von Queen: Bohemian Rhapsody. Der Sound ist super. Ich möchte den Helm gar nicht mehr abnehmen. Wer zuhause ein Bose Surround System im Wohnzimmer stehen hat, weiß, wie das klingen kann. Das Hörerlebnis mit dem Shoei Helm und der Sena Anlage ist für mich deutlich besser als erwartet. Weiterer Pluspunkt ist bei mir, mit einem Helm in der Größe M ist, dass die Ohren genügend Platz haben und nicht von Helm beziehungsweise von den Lautsprechern plattgedrückt werden. Bei Heinos Helm in der Größe S ist das leider nicht so. Heino schneidet ein paar Millimeter aus der „Verkleidung" raus und dann passt der Helm auch sehr gut.

Auf der Fahrt leistet uns das Kommunikationssystem allerbeste Hilfe. Ein Bekannter meinte, vor der Fahrt er bräuchte so etwas nicht. Er will während der Fahrt nicht dauernd quatschen. Das wollen wir auch nicht. Aber es ist schon sehr hilfreich, wenn es darum geht, mal eben anzuhalten, um einen Tee zu trinken oder Fotos zu machen. Wir haben auch schon mal eine Abbiegung übersehen und uns dann abgesprochen, ob wir umkehren oder die vom Navi angebotene Alternative zu fahren. Dann heißt es auch mal: Achtung Schafe! Das System bleibt bei freier Sicht mehr als 1 Km in Verbindung. Leider fängt das System ab und zu an, ohne ersichtlichen Grund, knackige Geräusche abzugeben. Eine Verständigung ist dann nicht mehr möglich. Das verschwindet genauso plötzlich wie es auftritt. Auch bricht die Verbindung ab, wenn die Ansage vom Navi aktiv wird. Es dauert dann eine Weile bis man wieder miteinander sprechen kann.

BMW Navigator VI von Garmin und BaseCamp

Die BMW wird auf Wunsch mit dem Navigator VI ausgerüstet. Die Halterung dafür ist bereits fest angebaut. Das Einsetzen des Gerätes erfordert zuerst etwas Konzentration, weil nicht klar zu erkennen ist, wie die beiden Schiebehebel zu verschieben sind und man möchte die Plastikschieber ja nicht beim ersten Versuch kaputt machen. Ein paar Versuche und die Hilfe eines Verkäufers schaffen Abhilfe.

Das neue System ist abschließbar und laut Aussage des Händlers auch unbeaufsichtigt mit versichert. Der BMW Schlüssel passt auch, um das Navi an der Halterung zu verriegeln. Die Höhe des Gerätes ist gut, um es während der Fahrt einzusehen und trotzdem die Straße im Blickfeld zu behalten.

Das Navi VI hat einen Touchscreen und kann sogar mit meinen alten GoreTex Handschuhen bedient werden. Etwas unglücklich finde ich die Eingabe von Zielen. Man muss den Teil des Alphabetes auswählen, in dem sich der entsprechende Buchstabe befindet. Ist der nachfolgende Buchstabe im anderen Teil des Alphabets, muss wieder umgeschaltet werden ... usw. Das dauert mir etwas zu lange. Der einzige Grund, den ich mir dafür vorstellen könnte, ist die Anzeigegröße der Buchstaben. Wenn weniger Buchstaben angezeigt werden, können diese natürlich entsprechend größer dargestellt werden. Heino hat schon viel Erfahrung mit dem Navi und der Software BaseCamp.

BaseCamp wird auf dem Computer / Laptop / MacBook installiert und dort kann dann die komplette Tour geplant werden. Anschließend kann die gesamte Tour auf das Navi übertragen werden und steht dann auch als einzelne Tagestour zur Verfügung. Dazu können die Highlights entlang der Strecke mit eingetragen werden und wenn man sich diesen nähert, wird man durch den Annäherungsalarm darauf aufmerksam gemacht. Auf diese Weise verpasst man die möglicherweise unübersichtliche kleine Seitenstraße, in die man abbiegen will, nicht.

Für erfahrene Tourenfahrer ist das natürlich nichts Neues. Neu ist aber vielleicht auch für die Cracks unter den Lesern die Garmin VIRB Ultra 4K Kamera. Die lässt sich nämlich auch über das Navi Display steuern. Ebenso kann das Handy zum Telefonieren über das Navi bedient werden. Und wenn gewünscht, kann auch ein weiteres, also zweites Handy über Bluetooth verbunden werden, um dort gespeicherte Musik zu nutzen. Alles in allem ein gut abgestimmtes System.

Aufsatztaschen für die Alu - Koffer und Touratech - Tasche

Als Aufsatztaschen für die Alu-Koffer haben wir uns für die sw-motech Taschen entschieden. Taschen anderer namhafter Hersteller haben wir ebenfalls getestet. Die sw-motech Taschen haben einen „Deckel" und einen wasserdichten Reißverschluss. Es wird keine zusätzliche Regenschutzhaube benötigt. Die Taschen werden mit Riemen mit dem Koffer verbunden und haben so einen festen Halt.

Zusätzlich haben wir jeder eine Touratech-Tasche die weiteren wasserdichten Stauraum bietet.

Seitenständer-Vergrößerung von sw-motech

Diese vergrößern die Auflagefläche erheblich und vermindern so das mögliche Einsinken des Ständers auf weichem Untergrund. Bei den Seitenständer Vergrößerungen muss genau auf die Motorrad Version geachtet werden. Für die BMW GS gibt es mehrere Ständer Versionen, die jede eine andere Ständer Vergrößerung benötigt. Beim Kauf also genau auf Baujahr und Modellversion achten. Die telefonische Bestellannahme bei sw-motech ist ziemlich fit. Auch für die unzähligen anderen Artikel aus dem umfangreichen Programm. Einfach anrufen und fragen.

sw-motech Seitenständer: Vergrößerung der Auflagefläche. Selbst bei nassem und sehr weichem Rasen steht die Maschine stabil.

TOURATECH

Sandra Bauermeister, Stefan Fritscher, Timo Sommer und Sabrina Hammers. In der Mitte Marcus und Heino. Treffen auf dem ADAC Open House für Motorradfans. Auf dem ADAC Übungsgelände.
ADAC Sicherheitszentrum Hansa
in der ADAC Str. 1 in
21409 Embsen bei Lüneburg.

In einigen Restaurants und Hotels wird darum gebeten die Schuhe auszuziehen oder Überschuhe zu tragen.

Meine neuen Touratech DESTINO Adventure Stiefel. Mit dem Innenschuh steigt man in den Stiefel. Der Innenschuh ist weich und bequem und lässt sich wie ein Turnschuh tragen. Man zieht also erst den Innenschuh an und steigt anschließend in den Stiefel. Das fühlt sich zuerst etwas ungewöhnlich an. Nach einiger Zeit Probelaufen fühlt es sich aber gut an. Für Island der vielleicht beste Schuh. Wenn man aus dem Gelände kommt und ein Gebäude betreten will, zieht man den Stiefel aus und kann dann mit dem sauberen Innenschuh eintreten. Gute Idee von Touratech.

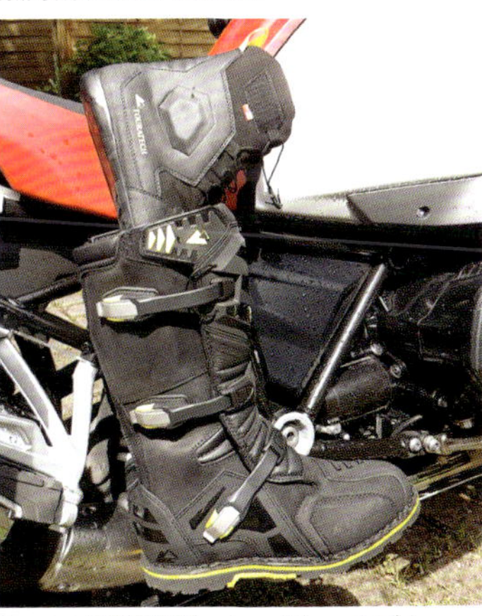

Touratech DESTINO Adventure mit Innen-Stiefel.

Ausrüstung

Die Tages-Touren - Über

Die rote durchgehende Linie stellt unsere gefahrene Tour dar. Die Zahlen 1 bis 18 sind die jeweiligen Tagesetappen. Wer keine 18 oder 20 Tage Zeit hat, kann die Tour abkürzen und die Punkte 1 bis 11 fahren und von dort zurück nach Reykjavik. Oder wer diese Strecke schon kennt und nun die Westfjorde sehen möchte, fährt die Stecke von Reykjavik nach Laugarvatn, dem Punkt 11 und folgt dann der Tour bis Punkt 18 und ist dann wieder in Reykjavik. Die Tagesetappen sind so angelegt, dass man für die Highlights genügend Zeit zur Verfügung hat. Die F35 zwischen Punkt 9 und 10 ist fast komplett Gravel-Road, also eine nicht asphaltierte Straße.

Auf der ganzen Strecke sind Hotels, Hostels und Privatunterkünfte vorhanden. Viele sind jedoch im Sommer

htskarte

ausgebucht und eine Reservierung ist unbedingt notwendig, wenn man nicht im Freien übernachten will.
Die Route 939 zwischen Punkt 5 und 6 zeigt die Route über den Öxi-Pass an. Dieser kann evtl. gesperrt sein und darf dann nicht überquert werden. Alternativ geht es stattdessen über die Ringstraße 1.
So wird der Öxi-Pass dann umfahren.

Die mit zwei dünnen parallelen Strichen gekennzeichnete Routen 931 gehört zu der
EXTRA TOUR - OFFROAD EXTREM.
Bis zum Stausee ist die 931 noch asphaltiert. Die 910 ist dann ein echtes Vergnügen für die, die die harte Tour wollen. Tiefer schwarzer Sand, Flüsse mit Furten und Geröllpisten müssen überwunden werden, um den Askja Vulkan zu erreichen.
Im Askja Gebiet gibt es keine Hotels. Nur ein Campingplatz mit einer Schutzhütte für 60 Personen und einem Sanitärgebäude erfreut den hartgesottenen Offroad Rider.

Islandkarte: Höhenprofil

Vorbereitung

Tourkarte: Übersicht mit Nebenstraßen

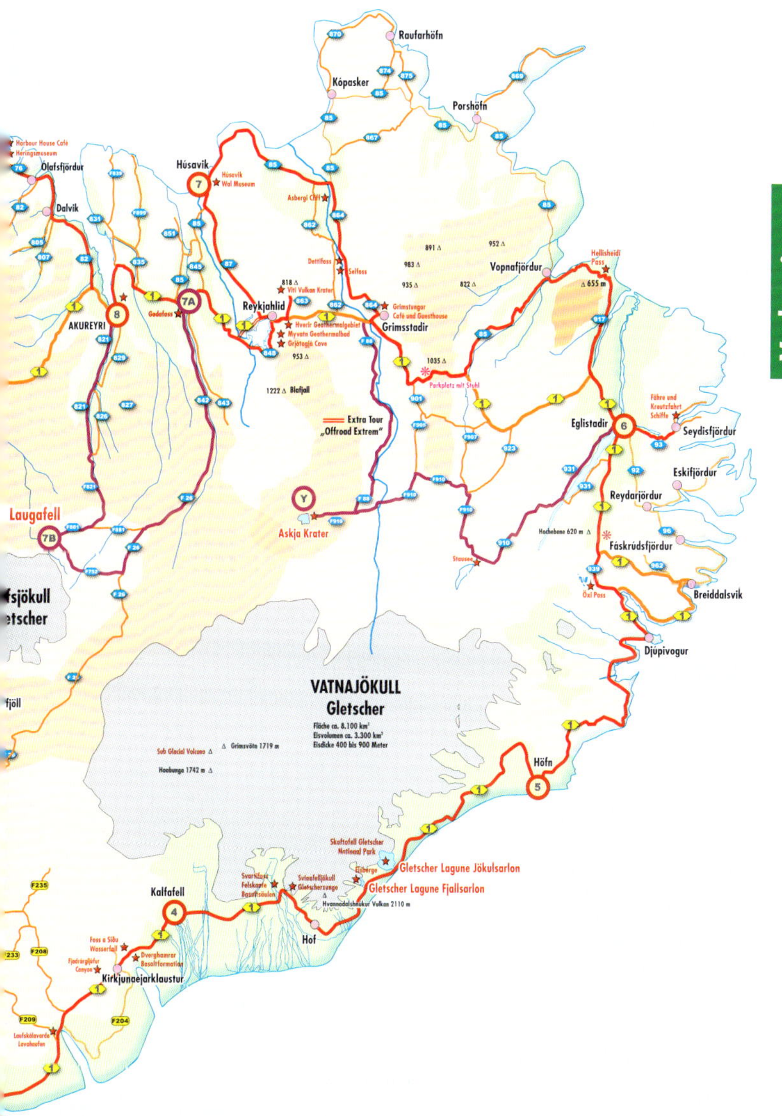

Raufarhöfn
Kópasker
Þorshöfn
Húsavik
Húsavik Wal Museum
Ólafsfjördur
Dalvik
AKUREYRI
Godafoss
Reykjahlid
Grimsstadir
Grimstungar Café und Guesthouse
Vopnafjördur
Hellisheidi Pass
Dettifoss
Selfoss
Asbergi Cliff
Viti Vulkan Krater
Hverir Geothermalgebiet
Myvatn Geothermalbad
Grjótagjá Cave
Blafjall
Parkplatz mit Stuhl
Extra Tour „Offroad Extrem"
Eglistadir
Fähre und Kreutzfahrt Schiffe
Seydisfjördur
Eskifjördur
Reydarjördur
Fáskrúdsfjördur
Hochebene 620 m
Öxi Pass
Breiddalsvik
Djúpivogur
Laugafell
Askja Krater
Stausee
VATNAJÖKULL
Gletscher
Fläche ca. 8.100 km²
Eisvolumen ca. 3.300 km³
Eisdicke 400 bis 900 Meter
Sub Glacial Volcano
Grimsvötn 1719 m
Haabunga 1742 m
Höfn
Skaftafell Gletscher National Park
Gletscher Lagune Jökulsarlon
Gletscher Lagune Fjallsarlon
Eisberge
Svartifoss Felskante Basaltsäulen
Sviaafelljökull Gletscherzunge
Hvannadalshnukur Vulkan 2110 m
Hof
Kalfafell
Foss a Sidu Wasserfall
Dverghamrar Basaltformation
Fjadrargljufur Canyon
Kirkjunaejarklaustur
Laufskálavarda Lavahaufen
Harbour House Café
Heringsmuseum
Vorbereitung

Reykjavik City Map
Fiskislóð
Ánanaust
Mýrargata
Eiðsgrandi
Eiðsgrandi
49
49
49
49
Nesvegur
Ægisíða
15
Hofsvallagata
Suðurgata
Suðurgata
Lynghagi
Þorragata
414
1 Haupt-EinkaufsStraße Laugavegur
2 Hallgrimskirka
3 Reykjavik Hafen
4 Alter Hafen
5 Perlan. Warmwasserspeicher Reykjavik
6 Harpa, Konzerthalle, Conference Center
7 Krankenhaus Landsspitallin
8 Tourist Info Center
9 Solfar (SunVoyager) Scupture
10 City Park Klambratun
11 Flughafen inländische Flüge
12 See und Parkanlage
13 Ingolfur Square
14 National Galerie
15 Öffentliches Schwimmbad
Quellenangabe Landkarte: OpenStreetMap

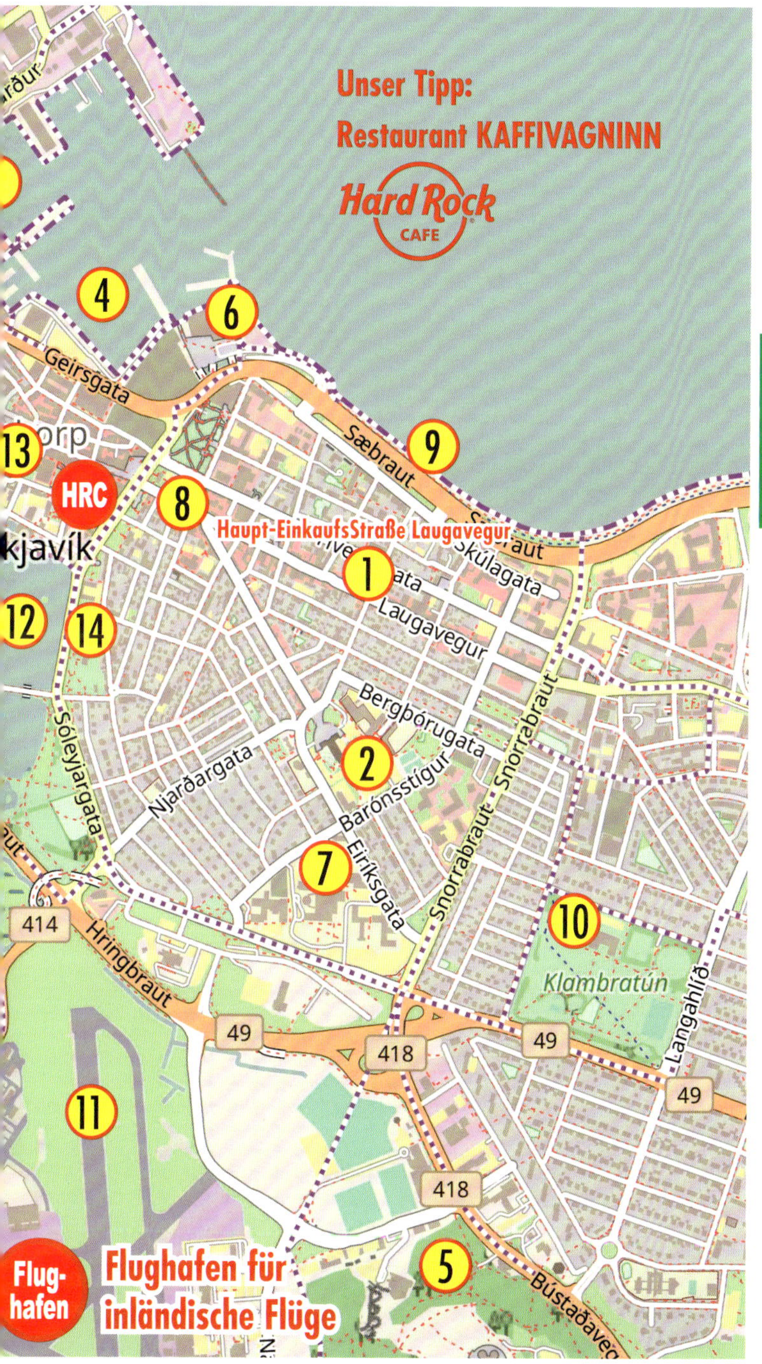

Vorbereitung

Anreise
Das Motorrad mit dem Frachter nach Island verschiffen

Mit der Reederei Samskip verschiffen wir die Motorräder per Container nach Reykjavik, während wir selbst im Flugzeug anreisen.
Von meiner Versicherung erfahre ich, dass das Verschiffen auf eigenes Risiko geschieht.
Das heißt, das Motorrad ist während der Schiffsreise nicht versichert. Fährt man mit einer Fähre ist das Motorrad bei unserer Versicherung mitversichert. Bei einem Frachter nicht. Daher haben wir uns nach einer speziellen Frachtversicherung umgesehen und vorsichtshalber extra versichert.
Die Firma „Islandspezialisten" bietet das Verschiffen von Motorrädern an.
Auf deren Internetseite:
www.islandspezialisten.de,
findet man wertvolle Informationen hierzu.

Termine für die Verschiffung

Hier ein Auszug der Schiffsverbindungen von der Internetseite der Islandspezialisten:
Das Frachtschiff fährt jeweils am Dienstag von Rotterdam ab (Fahrzeug vor Montag 12.00 Uhr anliefern) und Mittwoch ab Cuxhaven (Fahrzeug vor Dienstag 12.00 Uhr anliefern). Man kann das Motorrad dann frühestens eine Woche später am Freitag in Reykjavik abholen. Für die Rückreise muss das Motorrad vor Dienstag 16.00 Uhr wieder in Reykjavik angeliefert werden. (Das Schiff fährt am Donnerstag ab). Das Motorrad kann dann in Rotterdam am darauffolgenden Dienstag/Mittwoch abgeholt werden und in Cuxhaven am darauffolgenden Mittwoch/Donnerstag.
Die Häfen Rotterdam/Cuxhaven und Reykjavik sind am Wochenende und an offiziellen Feiertagen (für Island auch am 17. Juni und am ersten Montag im August) geschlossen.

Fahrzeug anliefern in Rotterdam:

(zwischenzeitliche Änderungen durch Wetterverhältnisse vorbehalten)
Anlieferung Montag vor 12.00 Uhr
Schiff fährt ab in NL: Dienstag
Ankunft Island: eine Woche später am
Dienstag oder Mittwoch
Fahrzeug abholen in Reykjavìk: Freitag

Fahrzeug anliefern in Cuxhaven :

Dienstag vor 10.00 Uhr
Schiff fährt ab in Cuxhaven: Mittwoch
Schiff kommt auf Island an: eine Woche später am
Dienstag oder
Mittwoch

Fahrzeug abholen in Reykjavìk: Freitag

Rücktransport:

Anliefern im Hafen von Reykjavik:
Dienstag vor 15.00 Uhr
Das Schiff verlässt Island : Donnerstag
Das Schifft erreicht Cuxhaven:
am nächsten Mittwoch
Fahrzeug abholen in Cuxhaven am:
Donnerstag
(kann aber auch erst am Freitag sein)

Preise für die Verschiffung sind ebenfalls auf der Internetseite zu finden.
Für den Hin- und Rücktransport jedes einzelnes Motorrades haben wir 780.- Euro eingeplant.

Buchung bei SAMSKIP ca. 3 Wochen vor Verschiffung.
Erforderliche Papiere:
KFZ Schein
Name und Adresse des Fahrzeughalters
Fahrzeugabmessungen
Gewicht des Motorrades
Angabe Motorart (hier Benziner)
Farbe des Motorrades
Angabe des gewünschten Abfahrtstermins
Angabe des gewünschten Ankunftstermins

Unsere Motorräder auf dem Anhänger

Alternativ kann die Fähre von Hirtshals nach Seydisfjordur genommen werden.

Die Hirtshals Seydisfjordur Fährstrecke verbindet Dänemark mit Island. Aktuell gibt es nur eine Reederei, die diese Strecke anbietet, die Smyrilline. Die Überfahrt wird mehrfach je Woche angeboten.
Mit Zwischenstopp auf den Färöern Inseln gibt es einen reduzierten Sonderpreis.
Genauere Informationen sind auf dieser Internetseite zu finden: www.smyrilline.de

Zwischenstopp auf den Färöer Inseln.

Die Motorräder werden auf den Wagendecks der Fähre sicher befestigt. Den ersten Halt macht die Fähre dann auf den Färöer Inseln. Dort kann man für einige Tage von Bord gehen und eine Rundtour mit dem Motorrad machen, oder an Bord bleiben und nach Island weiterfahren. Das Ziel der Fähre ist die Hafenstadt Seydisfjördur ganz im Osten der Insel. Der nächste größere Ort liegt an der Ringstr. 1. Es ist Eglisstadir. Dieser Ort ist Punkt 6 unserer Rundreise. Die Überfahrt dauert vier Tage, mit Zwischenaufenthalt auf den Färöer entsprechend länger. (Foto Fähre: Achim Schöpgens)

Samskip Container auf dem Weg zum Schiff

Smyrilline Fähre im Hafen von Seydisfjordur

Cuxhaven Container Abfertigung

In Cuxhaven vor der Verladung

Anreise

Der erste Tag in Reykjavik

Hauptstadt von Island und die nördlichst gelegene Hauptstadt der Welt.

Wir erreichen die City mit dem Airport Express Bus. Die Bushaltestelle liegt unmittelbar vor dem Flughafen. Das Ticket für die Fahrt kann online erworben werden oder am Ticketschalter in der Abflughalle des Flughafens. Der Preis liegt pro Person und einer Tour in die City oder zurück bei ca. 30 Euro. Für die Rückfahrt aus der City zum Flughafen ist es empfehlenswert, das Ticket vorher zu buchen. Der Busfahrer hat dann eine Namensliste und man kann sicher sein, dass man zu dem gewünschten Abfahrtstermin auch einen freien Sitzplatz bekommt. Das ist besonders wichtig, wenn man am Flughafen wenig Zeit hat und seinen Flug nicht verpassen will.

„Laugavegur", die Einkaufsstraße in Reykjavik. Hier trifft man Menschen aus aller Welt. Wir wohnen direkt in der Mitte im Hotel Fron. Super zentral!

Perlan. Der Warmwasserspeicher Reykjaviks mit Glaskuppel. Innen befinden sich ein Restaurant und eine Ausstellung.

Blick von der Dachterrasse des Perlan über Reykjavik

Solfar Sculptur (Sun Voyager)

Harpa Concert Hall and Conferenc Center

Kirche Hallgrimurs · Hallgrimskirka

Das Restaurant KAFFIVAGNINN befindet sich am Hafen von Reykjavik. Dort haben wir uns mit unseren Freunden vom Harley Davidson Club Island zum Essen getroffen. Also ein „Insidertipp". Leider oft ausgebucht. Eine Reservierung ist empfehlenswert, wie in sehr vielen Restaurants auf Island. Selbst in den kleineren Orten sind die guten Restaurants am Abend in der Saison oft ausgebucht.

Im Gewerbehafen von Reykjavik, ca. 10 Minuten Fahrzeit mit dem Taxi von der City aus, holen wir unsere Motorräder ab. Zuerst geht es ins Büro von SAMSKIP. Alles recht unkompliziert und die Mitarbeiter sind äußerst freundlich. Wir fachsimpelt noch über die Ausrüstung und die Motorräder, dann werden die restlichen Ausrüstungsgegenstände umgeladen. Und endlich geht es los ...

Am Abend vor dem Start noch einmal einen lockeren Burger. Damit sind wir für die Fahrt gestärkt.

Gunnar und Sugurdur vom Harley Davidson Club Island. Mit ihnen sind wir verabredet, um mehr über Island aus der Sicht der Motorradfahrer zu erfahren. Das Moped ist schön geputzt und der Chrom glänzt, wie es sich für eine Harley gehört. Aber als wir ihre Geschichten hören und später bei Ivar Fotos ansehen sind wir vollends aus dem Häuschen. Es ist unglaublich, wo die mit ihren Harleys hinfahren. Alles was wir mit unseren BMW 1200 GS vorhaben, machen die auch mit ihren Maschinen. Später im Buch sind Fotos zu sehen. Hut ab, die Jungs sind echte Wikinger und schrecken vor nichts zurück.

1. Tagestour
Reykjavik nach Hrauneyjar

Mit dem Taxi fahren wir aus der City von Reykjavik in den Containerhafen von Reykjavik. Bei der Firma Samskip erhalten wir im Büro unsere Papiere, mit denen wir dann ca. 2 Km um die großen Lagerhallen herum gehen müssen, um zu der Ausgabestelle für die Motorräder zu gelangen. Jetzt wird uns klar, wie sinnvoll es gewesen wäre, das Taxi warten zu lassen und diesen kurzen Weg auch noch mit dem Taxi zu fahren. Wir haben nämlich noch allerlei Sachen dabei, die wir jetzt tragen müssen.

Wenn mit dem Transport alles geklappt hat, stehen die Motorräder vor der Halle abholbereit. Bei uns ist das nicht der Fall. Die Motorräder sind noch an Bord des Schiffes. Und der Container steht ganz unten im Schiff. Das dauert. Zum Glück geben sich die Mitarbeiter alle Mühe, den Container heute noch aus dem Bauch des Schiffes herauszuholen. Am späten Nachmittag ist es dann soweit.

Die Fahrt beginnt. Wir fahren auf der Ringstraße 1 und nach einigen Kilometern biegen wir auf die 435 ab. Unser erstes Ziel ist das geothermische Kraftwerk Nesjarvellir. Von hier wird Reykjavik mit Erdwärme und Strom versorgt. Heißes Wasser wird aus einer Tiefe von 1000 bis 2000 Metern entnommen und in Dampfturbinen in Strom umgewandelt. Noch ca. 30 Jahre soll Reykjavik so versorgt werden. Entlang der 435 kann man die Leitungsrohre kilometerweit sehen.

Von dort aus geht es weiter auf den unbefestigten aber gut planierten Straße 360 und 350, die leicht zu fahren sind. Über die 360 treffen wir auf den Þingvallavatn-See und fahren eine kurze Strecke direkt an dem See entlang.

Dann biegen wir auf die 35 zum Kerid Krater ab. Nur wenige Meter vom Krater entfernt befindet sich der Parkplatz. Neben dem Weg zum Krater steht ein kleines Kassenhäuschen. Der Eintritt beträgt nur ein paar Euro. Der Blick auf den Krater ist beeindruckend. 270 x 170 Meter breit und 55 Meter tief. Der Kratersee ist zwischen 7 und 14 Meter tief. Für ein Foto mit dem ganzen Krater benötigt man schon ein gutes Weitwinkelobjektiv.

Die Fahrt geht dann erst auf der 35 und dann auf der 31 weiter zu dem Grassodenhaus Skalholtskirkja. Danach über die 32 zum Wikingerhof Þjoðveldisbær und weiter auf der 327 zum Stöng Wikingerhaus. Hier kann man erahnen, wie die ersten Siedler gelebt haben.

Von dort geht es weiter zu der sehr schönen Gjáin Schlucht unweit der 327. Wir wandern in die Schlucht hinunter. Es ist traumhaft hier unten am kristallklaren Wasser. Wir fahren dann weiter zum 122 Meter hohen Háifoss Wasserfall.

Nach diesem Tagespensum freuen wir uns auf den letzten Tagesabschnitt auf der F26 zu unserem Hotel, dem Highland Center Hrauneyjar.

1. Tagestour		ca. 201 km
Start: Reykjavik (1)		Ziel: Hrauneyjar (2)
Straßenbelag:	Asphalt 155	Gravel X ca. 46 km
Highlights:	Reykjavik - Geothermische Kraftwerk Nejavellir, Kerið Krater Kratersee Skalholtskirkja Grassodenhaus , Hjalparfoss geteilter Wasserfall Þjoðveldisbærinn Wikingerhof, Stöng Wikingerhaus Gijain (isl. Schlucht) Tal mit viele kleinen Wasserfällen Háifoss dritthöchster Wasserfall Islands mit 122 m	

Tour

Hjalparfoss Wasserfall. Man kann direkt gegenüber vom Wasserfall auf einem Parkplatz parken und in die Schlucht hinein wandern. Der zweigeteilte Wasserfall ist von Basaltfelsen umgeben. Die Felsen sind bizarr geformt und teilweise sehr spitz. Gut, dass wir feste Motorradstiefel anhaben, um über die großen Steine ans Wasser zu gelangen. Es ist glasklar und eiskalt. Zum Baden warten wir lieber auf die heißen Quellen.

Pjorsardalur Wikinger Höfe

Bild links:
In Pjorsardalur sind acht Wikingerhöfe aus der vulkanischen Asche ausgegraben worden.
Die Ausgrabungen der Stöng Gebäude wurden mit einem Dach überbaut und können besichtigt werden. Alle anderen Gebäude wurden wieder zugedeckt.
Es wird vermutet, dass das Tal mit dem Ausbruch des Hekla Vulkans um 1104 verwüstet wurde. Die Häuser wurden wohl bis 1300 mit Unterbrechungen immer wieder bewohnt. Es sind Fundamente von Wohnhaus, Stall, Schmiede und Kirche zu erkennen.

Gjanschlucht mit Wasserfällen

Der Kerið Kratersee. Vor 5000-6000 Jahren förderte die Kraterreihe Tjarnarhóar knapp 1,2 Kubikkilometer Lavamasse an die Erdoberfläche. Das Vulkanfeld Grímsnes besteht aus vielen kleinen, unauffälligen Vulkanen, die flach und stark bewachsen sind. Drei Vulkane sind aber gut sichtbar: Kerið, der etwas höheren Seyðishólar (214 m) und der Kerhóll. Kerið und der in der Nähe stehende Schlackenkegel Herhóll stehen unter Naturschutz. Es wird aber weiterhin auf dem Grímsens-Vulkanfeld Schlacke abgebaut zur Verwendung als Straßenbaumaterial. Da der Kerið Privateigentum ist, kostet die Besichtigung ca. 3 Euro.

Grashaus neben der Kirche: Skalholtskirkja

Unsere erste Gravel-Road ist die 327. Sie ist leicht zu fahren, wenn es trocken und die Sicht gut ist.

2. Tagestour
Hrauneyjar über Landmannalaugar nach Leirubakki

Auf der F26 geht es in Richtung Landmannalaugar. Nach einigen Kilometern biegen wir auf die F208 ab. Die unbefestigte Schotterstraße ist teilweise schwer zu fahren. Tiefe Schlaglöcher mitunter loser, tiefer Schotter erfordern höchste Konzentration. Aber das macht auch viel Spaß, stellen wir bei unserer Ankunft fest. Schließlich ist dies einer der Gründe, warum wir uns Island als Reiseziel ausgesucht hatten. In den Highlands ist es oft sehr einsam. Doch auf dieser Strecke ist relativ viel Verkehr. Landmannalaugar ist ein beliebtes Ziel von internationalen Touristen. Wir sind nach ungefähr anderthalb Stunden Fahrt im Basis Camp Landmannalaugar angekommen. Es sind ca. 47 km auf der Gravelroad und 8 km auf asphaltierter Straße von Hrauneyjar zu fahren. Kurz vor dem zentralen Platz und einer Furt stellen wir unsere Motorräder auf einem Parkplatz ab und gehen zu Fuß weiter. Wer die Furt durchqueren will, sollte vorher einige Fahrzeuge beim Durchqueren beobachten, um den günstigsten Weg zu erkunden. Das Wasser war zu der Zeit, als wir dort waren, ca. 50 cm tief. Dies kann jedoch stark schwanken. Größere Steine auf dem Grund des Baches sind leider nicht sichtbar. Damit bleibt es ein echtes Abenteuer die Furt zu durchqueren. Auf der Hinfahrt haben wir 8,5 Grad. Wir lassen unsere Motorradjacken am Bike und gehen mit leichten Jacken auf unsere Rundtour. Ein zwei Meter langes Stahlseil mit jeweils einer Schlaufe am Ende und einem Zahlenschloss hilft uns, die Jacke und den Helm am Bike anzuschließen. Das Seil wird einfach durch den Arm geführt und mit dem Helm am Bike angeschlossen. In der Rukka Hose, der Daunenjacke über dem T-Shirt und den Motorradstiefeln wandern wir los. Oben auf den Bergen liegt Schnee und da wollen wir hin. Wir gehen ca. 5 Stunden durch Berg und Tal. An einigen Stellen kommt heißer Dampf aus dem Boden, es riecht sehr stark nach Schwefel. Unsere Tour führt uns vorbei an heißen Quellen durch Lavagestein und Schnee hinauf zum höchsten Gipfel. Von hier oben haben wir einen wunderschönen Ausblick. Der höchste Berg ist 943 Meter hoch. Der Weg ist ganz schön anstrengend. Unsere Jacken haben wir längst ausgezogen. Aber auf dem Berg sind wir froh, sie dabei zu haben. Zum Glück sind die Rukka Daunenjacken federleicht, aber winddicht und halten gut warm. Wir sind ca. fünf Stunden unterwegs, viel länger als wir eigentlich vorhatten. Dann zurück zum Basis Camp. Dort gibt es drei alte Militärbusse, die von den Amerikanern nach dem zweiten Weltkrieg zurückgelassen wurden. In diesen Bussen werden Tee, Kaffee und Kleinigkeiten zum Essen angeboten. Wir setzen uns mit heißem Kaffee und Keksen auf die schlichten Holzbänke und verschnaufen uns erst einmal, bevor es weiter geht. Landmannalaugar ist ein Traum an Farben. Durch den bedeckten Himmel

Für den Rundgang in Landmannalaugar sollte man sehr viel Zeit einplanen.
Mehr als 5 Stunden waren uns fast zu kurz. Unseren Beinen war es allerdings schon zu lang.

2. Tagestour		ca. 133 km
Start: Hrauneyjar / Landmlg.		**Ziel: Leirubakki**
Straßenbelag:	**Asphalt 27**	**Gravel X 106 km**
Highlights:	Bláhylur Kratersee, kann man direkt heranfahren.	
	Landmannalaugar: Hier benötigt man viel Zeit und Wanderstiefel	
	Bláhnúkur Berg 943 Meter hoch	
	Tröllkonufoss Wasserfall	
	Þjófafoss Wasserfall	

geben die Fotos die Farbenpracht des unterschiedlichen Gesteins nicht wirklich wieder. Es gibt eine heiße Quelle mit einem kleinen Teich. Einige Besucher baden in dem heißen Wasser. Leider beginnt es jetzt zu regnen und wir beschließen, zurück zu den Motorrädern zu gehen. Wieder auf der Gravel-Road F208 fahren wir zurück zur 26. Auf dem Weg nach Leirubakki halten wir noch bei zwei Wasserfällen. In Leirubakki haben wir ein sehr schönes Restaurant gleich gegenüber vom Hotel. Von außen es ist total schwarz, weil es mit Lavagestein verputzt wurde. Wir haben Bärenhunger und essen Forelle auf Gemüse mit Kartoffeln. Es schmeckt vorzüglich und kostet ca. 36 Euro pro Person, zuzüglich Getränke. Für isländische Verhältnisse ist das ein normaler Preis. Unsere Bedienung ist ein Mädel aus Deutschland, die hier eine Saison arbeitet. Anschließend setzen wir uns noch in die Lobby des Hotels, wo ein Wasserkocher steht und man sich kostenlos heiße Getränke zubereiten kann. Wir haben eine Flasche Rum dabei und machen uns ein medizinisch wertvolles Anti-Erkältungs-Getränk.

Gullfoss Wasserfall
Hrauneyjar
Háifoss Wasserfall
Gjáin Schlucht
Stöng Wikingerhaus
327
F26
2
Þjóðveldisbær Wikingerhof
F208
F225
32
Hjálparfoss
Landmannalaugar Rundgang
26
Hekla Vulkan
3
Δ1491 m
Leirubakki
Bláhnúkur 943
Laufafell 1188 m Δ

An den Bláhylur Kratersee kann man direkt heranfahren.

Bikertreffen am Flusslauf

Gravelroad F26 nach Landmannalaugar

Die Tour durch Landmannalaugar beginn auf diesem gut begehbarem Weg. Doch das ändert sich ...

Im Landmannalaugar Basis Camp. Drei alte amerikanische Militärbusse, die heute als Café genutzt werden.

Weiter oben auf dem Berg wandert man auch im Sommer durch den Schnee.

Von den hohen Bergen hat man einen fantastischen Ausblick.
Der höchste Berg ist 943 Meter hoch.

Das Basiscamp mit Zeltplatz, heißen Badequellen, Café, Info Center, Anmeldung zu Führungen.

Streckenweise ist der Aufstieg ziemlich steil

Auf dem Rundgang kann man direkt an die heißen Schwefeldämpfe heran gehen.

3. Tagestour Leirubakki nach Kalfafell

Von Leirubakki aus fahren wir erst auf der 26 und dann auf der Ringstraße 1. Nach 72 km erreichen wir unser erstes Ziel, den Seljalandsfoss Wasserfall. Dieser stürzt ca. 66 Meter von einem Felsvorsprung hinab. Daher kann man hinter dem Wasserfall hindurchgehen. Unsere wasserdichten Rukka-Anzüge bewähren sich hier wieder einmal.

Nur ca. 500 m weiter ist der kleinere Gljufrabui Wasserfall. Der Gljufrabui Wasserfall befindet sich in einer Höhle, in die man mit etwas Mut und Geschicklichkeit durch eine Felsspalte hinein gelangt. Das ist ein echtes Erlebnis und man sollte es auf keinen Fall verpassen. Wasserdichte Stiefel sind hier zwingend notwendig.

Durch die Felsspalte watet man durch knöcheltiefes Wasser oder versucht die Steine, die aus dem Wasser herausragen, zu nutzen, um trockenen Fußes hindurch zu gelangen. Dann steht man unmittelbar vor dem Wasserfall. Ein beeindruckendes Erlebnis.

Dann fahren wir auf der RingStraße 1 weiter zum Skogarfoss Wasserfall. Dieser ist ca. 25 Meter breit und stürzt ca. 60 Meter in die Tiefe. Der Parkplatz liegt unmittelbar am Wasserfall. Eine alte Sage erzählt, dass hinter dem Skogarfoss Wasserfall ein Schatz in einer Höhle vergraben sei. Wir haben ihn nicht mitgenommen. (Also vergesst die Metalldetektoren nicht.)

Das größte Highlight des Tages ist für uns das Wrack der DC-3 am Strand von Solheimasandur. Im November 1973 musste das Flugzeug eine Notlandung einleiten und der Pilot konnte mit seinem fliegerischen Können die gesamte Mannschaft retten. Das Wrack ist bis heute an seinem inzwischen berühmten Platz zu sehen. Von dem Parkplatz an der Ringstraße 1 sind es etwa 3,8 km Fußweg zum Flugzeugwrack. Der Weg lohnt sich allemal. Sogar um 23.00 Uhr haben wir Mitte Juli herrlichen Sonnenschein. Wir können gar nicht mit dem Fotografieren aufhören. So spät am Abend sind nur noch wenige Menschen dort. Das Ergebnis sind fantastische Fotos in einem herrlichen Abendlicht.

Größte Aufmerksamkeit erlangte das Wrack durch ein Musikvideo von Justin Bieber, in dem das Flugzeug zu sehen ist. Auch der Fjaðargljudur Canyon, zu dem wir anschließend fahren, ist in dem Video zu sehen. Zu finden bei YouTube unter: „I´ll Show You". Weiter geht es zum Kirkjufjara Beach. Dort hat man vom Parkplatz aus eine sehr schöne Aussicht auf die Steilküste. Hier ist der Zugang zum Wasser gesperrt, weil dort eine deutsche Touristin in den Wellen ums Leben gekommen ist. Die Brandung ist dort sehr gefährlich und Warnschilder weisen auf die Gefahr hin.

Dann geht es zum Black Beach. Wir parken direkt am Strand vor dem Restaurant. Sandwich für ca. 8 Euro und eine Tasse Kaffee für ca. 4 Euro. An diese Preise haben wir uns noch nicht ganz gewöhnt. Dafür sitzt man recht schön auf einer Terrasse und blickt über den schwarzen Strand aufs Meer. Von dort ist der Weg nach Vik nicht weit. Direkt an der Tankstelle ist ein kleines Restaurant. Dort essen wir sehr gutes Lammgulasch für 20 Euro. Von dort fahren wir weiter zu einem Lavastein Haufen. Wer mag, baut hier auch eine kleine Steinsäule auf. Es stehen schon unzählig viele dort.

Natural Bridge an der Steilküste nahe Vik

3. Tagestour ca. 274 km

Start: Leirubakki (3) **Ziel: Kalfafell (4)**

Straßenbelag: **Asphalt 274 km** **Gravel 0 km**

Highlights: Seljalandsfoss/Gljufrabul 2 Wasserfälle nebeneinander, Skögarfoss Wasserfall, DC3 Flugzeugwrack 3,8 km Fußweg. 1 Stunde hin und 1 Stunde zurück, Kirkjufjara Beach (Gefahr bei Hochwasser durch Wellen), Basaltbogen, Black Beach, Halsanefshellir Cave, Laufskalavarða Lavasteinhaufen, Fjardrargljufur Canyon sehr schöne Schlucht, Foss a Siðu Wasserfall, Dverghamrar Basaltformation 600 m

Einer der schönsten Parkplätze für unsere Bikes mit Blick auf den Black Beach

Tour

Blick vom Parkplatz in Richtung Strand. Von hier sind es etwa 3,8 km zum Flugzeug.

Das DC 3 Wrack am Strand von Solheimasandur nahe Vik

Tour

Skogarfoss Wasserfall

Der Seljalandsfoss Wasserfall. Ein Weg ermöglicht es, hinter dem Wasserfall hindurch zu gehen.

Alle drei Wasserfälle sind sehr beeindruckend. Das wissen auch die Reiseveranstalter in Reykjavik und fahren mit ihren Ausflugsbussen auch hierher. Daher ist es manchmal ziemlich voll. Besonders hinter dem Seljalandsfoss Wasserfall. Der schmale Weg hinter dem Wasserfall ist natürlich ein beliebter Ort, um Fotos zu machen. Es weht mitunter sehr stark, sodass man auf jeden Fall nass wird. Ein Tuch um die Optik der Kamera zwischendurch zu trocknen ist gut dabei zu haben. Etwas weniger Menschen trauen sich durch die Felsspalte, um in die Höhle zum Gljufrabui Wasserfall zu gelangen. Erst muss man ein kleines Stück durch einen Bach gehen und dann über einen glitschigen Felsen klettern, um in das Innere der Höhle zu gelangen. Dort kann man dann von oben den hinab stürzenden Wasserfall sehen. Der Felsen, auf dem ich dort stehe, ist sehr nass und rutschig und ein besonders beliebter Platz für das Erinnerungsfotos. Hier haben sich die Akteure gegenseitig hinauf und hinab geholfen und sind für das Foto aus dem Bild getreten.

Der Gljufrabui Wasserfall befindet sich gleich neben dem Seljalandsfoss Wasserfall in einer Felsspalte, in die man mit etwas Mut und Geschicklichkeit hineinsteigen kann. Regendichte Kleidung ist von Vorteil.

Lupinenfelder, so weit man blicken kann. Direkt an der Ringstraße 1 in Richtung Vik.

Ein Hinweisschild warnt vor den Wellen. Jedes Jahr kommen Touristen auf Island ums Leben, weil die Gefahren nicht erkannt werden. Oft gibt es keine Absperrungen, aber Hinweisschilder wie dieses.

Basaltfelsformation am Black Beach. Eine Schulklasse freut sich über die Kletterwand.

... und noch einmal kurz anhalten. Die Blumenpracht ist einfach überwältigend.

Black Beach.
Der Strand besteht aus, vom Wasser rund geschliffenem, schwarzem Lavagestein.

Tour

Steilküste an der Ringstraße 1 nahe Vik.

Fosshotel Nupar in Kalfafell

Brücke von Skeidararsandur 1996

Bild oben: Das neue Fossotel Nupar des Hotelbetreibers „Fosshotel" in der Nähe von Kalfafell. Sehr modern und komfortabel eingerichtet. Als wir dort ankamen, war ein Teil bereits bezugsfertig. Die Zimmer sind für isländische Verhältnisse großzügig und alle mit Bad ausgestattet. Inklusive sehr gutem Frühstück haben wir für das Zimmer ca. 270.- Euro für eine Nacht bezahlt. Mit der Zeit gewöhnt man sich an die Preise.

Bild unten: Die Stahlträger waren einmal Teile der Brücke auf dem die Ringstraße 1, die über den Gletscherfluss führte. Nachdem die Brücke im Jahre 1996 durch große Wasser- und Geröllmassen zerstört wurde,

Eisenträger der ehemaligen Brücke bei Skeidarrarsandur

Fjadargljudur Canyon

hat man diese Stahlträger als Mahnmal an die Katastrophe liegen lassen. Im Hintergrund ist der Gletscher zu sehen.

Der Fjadargljudur Canyon liegt an der F206, auf die man kurz vor Skaftrarhreppur von der Ringstraße 1 links abbiegt. Er ist ca. 2 km lang und bis zu 100 Meter tief. Der Besuch lohnt sich. Von Parkplatz aus kann man durch den ganzen Canyon gehen. Wasserdichte Stiefel oder keine Angst vor kalten Füßen sollte man haben.

Bild unten:

Der Svartifoss Wasserfall. Von der Ringstraße 1, direkt gegenüber dem kleinen Flughafen, nach Skaftafell

auf die 998 abbiegen. Nach ca. 2 km erreicht man den Parkplatz. Von dort an ist die Straße gesperrt und man geht zu Fuß weiter. Der Fußweg zum Wasserfall ist auch noch einmal ca. 5 km lang. Der Weg ist leicht zu gehen.

Svartifoss Wasserfall Foto: ©Ragnar Th. Sigurdsson

Tour

4. Tagestour
Kalfafell nach Hofn

Die Fahrt geht an der Pjódvegur Steilwand und am Svartifoss Wasserfall vorbei. Von der Felskarte stürzt der Svartifoss Wasserfall die Tiefe, umgeben von schwarzen Basaltsäulen. Nur wenige Kilometer weiter erreichen wir die Svinafelljökull Gletscherzunge. Der kleine Parkplatz liegt direkt an Zugang zum Gletscher. Die kleinen Pfade entlang des Gletschers sind teilweise steil und rutschig. Hier tummeln sich viele Touristen. Ganz ungefährlich ist das nicht. Teilweise liegt der Weg an Felskanten, die steil zum Gletschersee abfallen. An der Gletscher Lagune Fjallsarlon gibt es ein schönes, kleines Restaurant mit Essen vom Buffet. Sehr gute Qualität und reichhaltig für 28 Euro pro Person. Die Jökulsarlon Gletscherlagune ist am beeindruckendsten. Hier schwimmen riesige Eisberge im Wasser. Mit einem Amphibienfahrzeug kann man dicht an die Eisberge und den Gletscher heran fahren. Ein echtes Erlebnis.

Wer einen Tag mehr einplanen kann, sollte noch eine Tour auf den Gletscher einplanen. Verschiedene Anbieter, bieten auch von Reykjavik aus, Touren mit dem Monster Truck an (siehe Extratag Gletscher).

Unser heutiges Ziel, der Ort Höfn, ist recht klein und hat gut 1600 Einwohner. Es gibt ein Gletschermuseum, in dem Filme über den Vatnajökull zu sehen sind, mit ca. 8.100 Quadratkilometern der größte Gletscher Europas. Wir übernachten im Old Airline Guesthouse. Früher war hier einmal die Radar- und Funkstation des kleinen örtlichen Flughafens untergebracht. Im angeschlossenen kleinen Laden treffen wir die Besitzerin des Hauses. Sie erzählt uns lebhaft, wie es hier früher einmal aussah. Sie betreibt das Guesthouse und verkauft nebenbei noch allerlei elektronische Artikel.

Wie auf Island üblich, ziehen wir am Eingang erst mal unsere Schuhe aus. Sie ist unglaublich nett und hat alle Zeit der Welt um uns die Räume zu zeigen. Die Zimmer sind klein und sauber. Wir stellen uns vor, dass hier früher die Soldaten saßen und mit ihren Geräten den Flugverkehr überwacht haben.

4. Tagestour		ca. 190 km
Start: Kalfafell		**Ziel: Höfn**
Straßenbelag:	**Asphalt 190 km**	**Gravel 0 km**
Highlights:	Svartifoss Felskante Basaltsäulen	
	Svinafelljökull Gletscherzunge	
	Glätscherzunge Fjallsarlon	
	Jökulsarlon und Fjallsarlon Gletscherlagune	
	Hvannadalshnúkur Vulkan Höchster Berg Islands	

Uns steht eine Küche und ein allgemeiner Aufenthaltsraum zur Verfügung. Es gibt ein Gemeinschaftsbad für die Gäste der drei Zimmer im Obergeschoss. Dies erlebt man auf Island in den kleineren Hotels und Gasthäusern oft.

Wir machen einen ausgiebigen Spaziergang durch die Kleinstadt. Es gibt einige Restaurants im Ort. Die Kommunikation mit den anderen Gästen in diesen kleinen Unterkünften ist oft viel intensiver als in großen Hotels. Vor dem Guesthouse stehen zwei weitere Motorräder. Es sind zwei Brüder aus „Fribourg" in der französischen Schweiz. Die beiden sind schon das zweite Mal auf Island. Echte Motorradfans, die das Abenteuer suchen und lieben. Wir sitzen gemütlich bis in den späten Abend zusammen und tauschen unsere schönsten Reiseerlebnisse aus.

„Die auf dem Vulkan tanzt"

Viele Menschen, denen wir begegnen, sind sehr aufgeschlossen und an unseren Motorradtouren interessiert. Erlebnisse werden ausgetauscht. Besonders intensiv wird mit anderen Motorradfahrern über Ausrüstung und Erfahrungen diskutiert. Jeder hat so seine eigene Erfahrungen, was besonders wichtig für ihn ist.
Auf einem Parkplatz an der Gletscherzunge treffen wir eine Gruppe junger Italiener. Sie haben sich zwei Kleinbusse gemietet und touren so über die Insel. Sie setzen sich einer nach dem anderen auf unsere Motorräder und machen Fotos. Für uns alle ein riesen Spaß, wie die Mädels darauf posieren. Die sind so lustig drauf, dass wir selbst ganz vergessen haben, Fotos von der Szene zu machen.
Am Jökulsarlon Parkplatz treffen wir Sylvi aus München und Julia aus Maui / Hawaii. Die Beiden sehen auch unsere Touraufkleber auf den Seitenkoffern und wir kommen ins Gespräch. Wir tauschen unsere Erlebnisse aus und sprechen darüber, was wir auf Island noch alles sehen wollen und was wir sonst so machen. Sylvi erwähnt, dass sie Tanzlehrerin ist. Spontan machen Sylvi und ich eine kleine Salsa-Tanz-Einlage.
Ihr neuer Name: „Die auf dem Vulkan tanzt"

Sylvi (links)aus München und Julia aus Maui / Hawaii

Gletscher Tour mit Spikes, Helm und Eispickel

Eine kleine Gletscher Tour, kann in die Tagestour integriert werden. Diese dauert ca. 1 Stunde und ist mit normaler Kondition leicht zu schaffen. Allerdings muss man sich entscheiden, was man alles an diesem Tag sehen will. Eine Tour auf den Gletscher und eine Boots Fahrt auf dem Gletschersee ist zeitlich nicht zu schaffen. Dann sollte man einen Extra Tag für die Gletscherbesteigung einplanen. Wer die Ganztagestour machen möchte, kann eine „Ice Climbing Tour" buchen. Diese geht über mehrere Stunden, den ganzen Tag oder sogar über das ganze Wochenende. Dabei wird mit professioneller Ausrüstung an Eissteilwänden hochgeklettert. (z.B. bei: Ice Climbing, IslandicMountainGuides)

Die gigantischen Ausmaße des Gletschers werden einem erst klar, wenn wann hier oben ist. Ohne Tour Guide würde man sich hier verlaufen.

Sylvi mit Helm, Eispickel, und Eiskrampen an den Stiefeln. Außerdem mit einem speziellen „Gürtel" zum Hochziehen, falls man in eine Gletscherspalte fällt.

Endlose Weite auf dem Gletscher

Zu Fuß über den Gletscher

Sylvie und Falk treffen wir an der Gletscherzunge des Svinafelljökull Gletschers. Die beiden haben eine längere geführte Tour über den Gletscher gemacht. Zu der Ausrüstung, die gestellt wird, gehören: Helm, Sicherungsgürtel, Eispickel und Schuhkrampen. Mit dem Truck geht es auf den Gletscher und dann weiter zu Fuß, vorbei an tiefen Gletscherspalten. Deshalb auch der Sicherheitsgürtel, um jemanden im Falle eines Falles wieder heraus helfen zu können. Es geht auf und ab und an die Ausrüstung muss man sich erst einmal gewöhnen. Hat man erst einmal ein Gefühl für die Krampen an den Stiefeln bekommen, gibt es einem ein sicheres Gefühl, nicht abzurutschen. Die Gruppe bewegt sich langsam über Berg und Tal, einer hinter dem Anderen. Das Wetter und die Sicht könnten besser sein. Oder sind das schon die Wolken? Ab und zu reicht die Sicht bis ins Tal. An einigen Stellen ist der Gletscher pechschwarz vom Lavagestein und Lavaasche. Eine sehr empfehlenswerte Tour.

Sylvie und Falk in voller Montur

An tiefen Gletscherspalten vorbei geht es weiter hoch zu unserem heutigen Gipfelpunkt auf dem Gletscher Svinafelljökull.

Die Gruppe schlängelt sich langsam auf einem schmalen Pfad hinunter in das Gletschertal. Vorsichtig ist bei jedem Schritt geboten.

Am Ziel ganz oben auf dem Gletscher . Fotos: Sylvie und Falk

Gletscher Lagune Jökulsarlon

Fahrt mit dem Amphibienboot auf der Gletscher Lagune Jökulsarlon

Svinafelljökull Gletscherausläufer

Gletscher Lagune Jökulsarlon

Preishaushang am Amphibienboot der Gletscher Lagune Jökulsarlon

5. Tagestour
Höfn nach Eglisstadir

Nach einem guten Frühstück verabschieden wir uns in der Küche von unserer Gastgeberin Sika und den Brüdern aus Freiburg. Das Old Airline Guesthouse wird uns wegen der Gastfreundschaft und den netten Begegnungen in sehr guter Erinnerung bleiben. Auf der Küstenstraße, der Ringstr. 1 geht es weiter in Richtung Nordosten nach Djupivogur. Entlang steil abfallender Gebirgshänge. Ab und zu sind ein paar Schafe am Straßenrand. Dann fahren wir immer sehr vorsichtig, weil wir nicht einschätzen können, wie sie sich verhalten.
Die Abzweigung zum Öxi-Pass auf die Gravel-Road 939 liegt direkt am Ende des Fjords. Der Pass ist ungefähr 600 Meter hoch und ca. 20 km lang und nicht immer zu befahren. Falls der Pass gesperrt ist, soll es auf der 1 weitergehen. Wir haben Glück und der Pass ist offen. Die Berge rechts von uns sind alle schneebedeckt. Bei fünf Grad legen wir auf der Passhöhe eine kleine Pause ein. Wir stehen in den Wolken und können keine 100 Meter weit sehen. Heinos Idee, am Morgen die Thermoskannen mit heißem Tee aufzufüllen, erweist sich hier als eine hervorragende Idee. In dieser unwirklich erscheinenden Welt ist es irgendwie gemütlich mit einem heißen Getränk in der Hand. Wir sind völlig allein inmitten dieser mächtigen Natur. Bestimmt schon eine Stunde haben wir weder Mann noch Maus gesehen. Wie mag es hier wohl den ersten Wikingern ergangen sein. Dann setzen wir unsere Tour auf der gut zu fahrenden Schotterstraße fort. Es macht wirklich Spaß da oben. Teilweise haben wir bis zu 17 % Steigung. Zwischendurch regnet es leicht, aber es lässt sich trotzdem gut fahren. Wir kommen nach Eglisstadir und fahren gleich 27 km weiter nach Seydisfjördur. Es geht wieder über einen Pass mit ca. 620 Metern Höhe. Trotz des leichten Regens ist diese Straße wirklich gut zu fahren. Seydisfjördur ist die bedeutendste Hafenstadt im Osten Islands. Am Kai liegt ein großes Containerschiff. Auch die Fähre aus Dänemark, bzw. von den Färöer Inseln und auch Kreuzfahrtschiffe machen hier fest. Die Stadt Seydisfjördur selbst ist sehr klein. 2014 wurden hier nur 665 Einwohner gezählt.
Es gibt ein aber kleine Highlights. Die Häuser haben teilweise eine Wellblechfassade und sind mit intensiven bunten Farben bemalt. Die kleine Holzkirche ist sehr schön. An der Hauptstraße, auf der die Bodenplatten bunt bemalt sind, trinken wir in einem der kleinen Restaurants Kaffee. Dann geht es zurück nach Eglisstadir. An der Tankstelle haben wir die Möglichkeit, die Motorräder mit einem Wasserschlauch abzuspritzen und mit der Bürste den gröbsten Schmutz von der Gravel Road zu entfernen. Heute haben wir eine Menge Dreck abbekommen. Waschplätze werden an fast allen Tankstellen geboten. Wir sehen aber auch Waschplätze, die nicht an einer Tankstelle liegen. Diese sind ebenfalls kostenlos. Dann beziehen wir unser klitzekleines Hotelzimmer, richten uns einigermaßen ein und gehen noch mal durch den Ort. Eglisstadir liegt an einem langgezogenem See, dem Lagarfljót. Hier soll es der Legende nach ein Seeungeheuer geben. Sein Name ist Lagarfljótwurm. Obwohl wir lange nach ihm Ausschau halten, haben wir ihn nicht entdecken können.

Die Fußgängerzone von Seydisfjördur

5. Tagestour		ca. 237 km	
Start: Hofn		Ziel: Eglisstadir	
Straßenbelag:	Asphalt 205	Gravel X	32 km
Highlights:	Stokksness View Point		
	Hvalnesvit Lighthouse		
	Ðvotta Felsen Rastplatz		
	Djupivogur Museum Cafe „Langabud" am Hafen		
	Pass Oxi F939, evtl. Nebel, schlechte Sicht!		

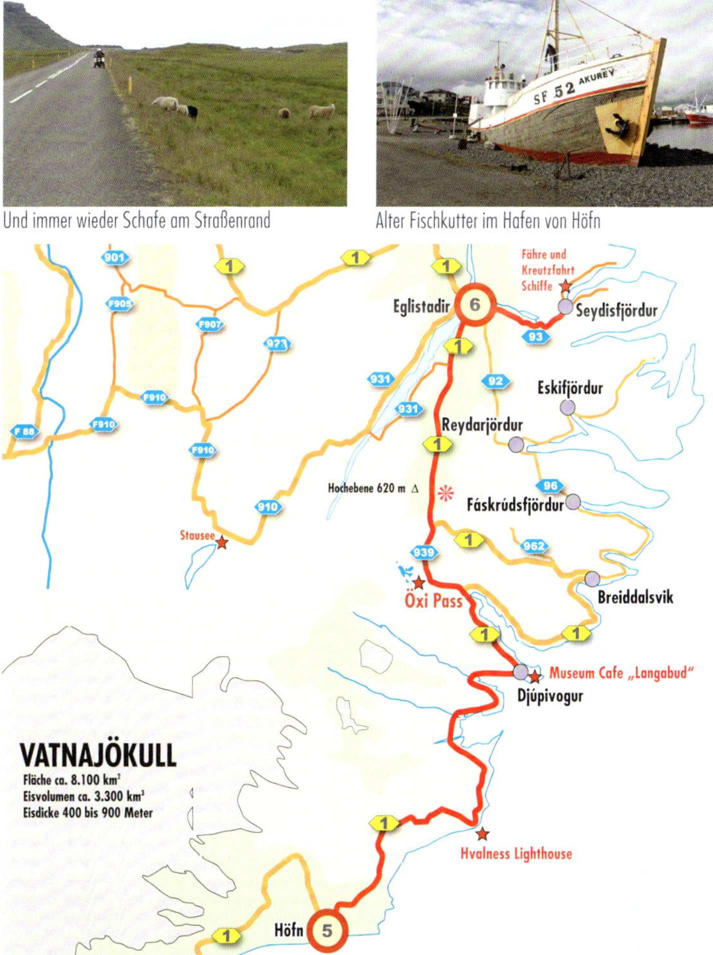

Und immer wieder Schafe am Straßenrand

Alter Fischkutter im Hafen von Höfn

Tour

Zufahrt zum Öxi Pass auf der 939 Gravel-Road erst geht es mit 17 % bergauf ...

... dann mit 12 % bergab auf der 939 Gravel-Road.

... und hier mal ganz ohne Schlaglöcher.

Der Heidarvatn See, an der 93 zwischen Eglisstadir und Seydisfjördur

Die „Fußgängerzone" von Seydisfjördur

Die Holzkirche von Seydisfjördur

Der Hafen von Seydisfjördur

Der Hafen von Seydisfjördur. Hier kommen die Fähren, Containerschiffe und Kreuzfahrtschiffe an.

6. Tagestour
Eglisstadir nach Husavik

Whale Watching Center Husavik

Wir verlassen Eglisstadir und fahren einige Kilometer über die Ringstraße 1, biegen dann rechts auf 917 zum Hellisheidi Pass ab. Die Gravel Road Straße verläuft in sehr schönen Serpentinen mit 15 % Steigung bis auf 655 Meter Höhe. Oben zeigt mein Navi wieder eine Außentemperatur von fünf Grad an. Die Aussicht zurück auf die Serpentinen ist grandios. Hinter Vopnafjördur geht es auf der 85 zurück auf die Ringstraße 1. Die Hochebene liegt inmitten von schwarzem Lavagestein. An einem Parkplatz steht ein weißer Holzstuhl, der als beliebtes Fotoobjekt dient. Die unglaubliche Weite mit dem Blick auf die umliegenden Vulkane macht diesen Parkplatz mit dem Stuhl so interessant.

Die Fahrt geht dann weiter bis zur Abzweigung der 864. Kurz hinter der Abzweigung ist das Grimsstadir Cafe. Hier gibt es in einem sehr kleinen und einfachen Restaurant leckeren Kuchen und Kaffee. Wir gönnen uns eine Pause.

An den Wasserfällen Selfoss, Dettifoss und Hafragilsfoss vorbei geht es weiter auf der 864, ein kurzes Stück 85 und dann die 861 zum Jökulsárgljúfur Nationalpark mit dem hufeisenförmigen Asbyrgi Canyon. Die Schlucht ist sehr schön gelegen. Bei der Ein- und Ausfahrt in die Schlucht fährt man an einem imposanten Felsen vorbei, der mitten in der flachen Umgebung steht. Dann zurück zur 85 und auf ihr weiter Richtung Westen bis zur Küste. Nach einer eindrucksvollen Fahrt erreichen wir Husavik, unser heutiges Ziel.

Fish & Chips im Hafen von Husavik

Husavik gehört zu den größeren Städten auf Island. Hier leben etwas über 2000 Einwohner. Die Zahl der Einwohner ist jedoch trotz der hohen Anzahl an Touristen in den letzten Jahren immer weiter zurückgegangen. Eines der Wahrzeichen Husaviks ist die alte Holzkirche. Von großer Bedeutung für den Ort ist der Hafen mit den Fischkuttern und die Boote für die Whale Watching Touren. Wir haben traumhaftes Wetter und Sonne bis 23 Uhr. Die Restaurants am Hafen sind bis in den späten Abend hinein gut besucht. Gäste aus aller Welt treffen sich hier.

Blick auf die Kirche von Husavik mit den blauen Whale Watching Speedbooten

6. Tagestour		ca. 257 km	
Start: Eglisstadir (6)		**Ziel: Husavik (7)**	
Straßenbelag:	**Asphalt 88 km**	**Gravel X**	**169 km**
Highlights:	Hellisheidi Pass, Grimsstadir Cafe an der F 864		
	Sellfoss-, Dettifoss- Wasserfall, Asbyrgi Schlucht		
	Husavik Walmuseum		
	View point über der Stadt / Stadtkirche 1907, Jugendstil 26 m hoher Turm		
	Fish & Chips, Gamli Baukur Restaurant		

Gamli Baukur Restaurant direkt am Hafen

Fischkutter im Hafen von Husavik

Tour

Raufarhöfn
Kópasker
Porshöfn
Húsavik
7
Húsavik Wal Museum
Asbergi Cliff
Dettifoss
Selfoss
818 Δ
Viti Vulkan Krater
Reykjahlid
Hverir Geothermalgebiet
Myvatn Geothermalbad
Grjótagjá Cave
953 Δ
1222 Δ Blafjall
Grimstungar Café und Guesthouse
Grimsstadir
891 Δ
952 Δ
983 Δ
935 Δ
822 Δ
1035 Δ
Parkplatz mit Stuhl
Vopnafjördur
Hellisheidi Pass
Δ 655 m
Eglistadir
6
Reydarjördur
Askja Krater
Fähre u Kreutzf Schiffe

An der Abzweigung von der Ringstraße 1 auf die 864 Gravel-Road

Bild oben: Die Abzweigung von der Ringstraße1 auf die 864 Gravel-Road. Hier geht es hinauf auf den Pass. Der Untergrund ist fest und die Schlaglöcher nicht allzu tief. Besonders schön ist die Serpentinenstrecke vor dem Gipfelpunkt. Hier hat man einen wunderschönen Blick zurück ins Tal. Unten ist noch alles im satten Island-Grün. Es kommt uns manchmal deutlich grüner vor als das Gras zu Hause. Oben wird es dann karg und steinig. Schwarze Felsenlandschaft, soweit man blicken kann. Nur teilweise mit etwas Grün überzogen. In der kalten Jahreszeit kann dieser Pass gesperrt sein. Selbst wenn er geöffnet ist, sollte man sich vorher über die möglichen Gefahren erkundigen. Auf dem Hinweisschild sind Telefonnummern angegeben, über die Auskunft zu erhalten ist. Eine Telefonnummer wird extra auf Englisch angeboten. Auf der Passhöhe kann es auch im Sommer recht frisch und windig sein.

Plötzlich entdecken wir bei einem Parkplatz inmitten der Lava Landschaft einen weißen Holzstuhl. Ein willkommener Stopp. Wir haben wieder unsere Thermoskannen mit heißem Tee dabei und dazu gibt es immer einen Keks oder ein Stück Schokolade. Gravel-Roads erfordert hohe Konzentration. Da darf es an süßer Energie nicht fehlen.

Mitten in der Wildnis steht auf einem Parkplatz an der Ringstraße 1 kurz vor der Abzweigung zur 901 ein weißer Holzstuhl. Ein ideales Fotomotiv.

Serpentinenfahrt zum Hellisheidi Pass auf der 917 Gravel-Road.

Auf der 917 Gravel-Road bis 655 Meter Höhe.

Kaffee und Kuchen im Guesthouse Grimstunga

Lavafelder, soweit man blicken kann, im Hintergrund Vulkankrater

Der Dettifoss Wasserfall an der 864. Absperrungen gibt es nicht. Man kann bis an den Rand herantreten.

Der Dettifoss Wasserfall ist mit einer Fallhöhe von 44 Metern schon recht beeindruckend. Vor allem, weil man direkt an die Schlucht herangehen kann. Auf der einen Seite der Wasserfälle verläuft die 684 und auf der anderen Seite die 682. Wir fahren auf der 684 von der Ringstraße 1 in Richtung Norden. Am Dettifoss Wasserfall treffen wir eine Gruppe Motorradfahrer aus Deutschland. Schnell kommen wir ins Gespräch. Jens ist der Initiator der privaten Tour. Er fährt mit seiner Frau auf einer GS 1200 Adventure. Mit dabei sind drei weitere Freunde, die auch alle Geländemaschinen fahren. In Husavik treffen wir sie wieder. Sie stehen am Hafen mit Fish & Chips in den Händen. Hmm, sieht lecker aus. Wir bekommen gleich Appetit und gehen auch rüber zu dem Fish & Chips Imbiss. Man muss schon etwas Geduld mitbringen. Es sind nur wenige andere Gäste vor uns, aber hier wird mit bedacht gebrutzelt. Das dauert. Lohnt sich aber. Bei herrlicher Abendsonne genießen wir unseren Imbiss. Unser Hotel ist heute das Fosshotel welches sehr ordentlich und nur ca. 1 km vom Hafen entfernt gelegen ist. Das Zimmer ist sehr geräumig und gut ausgestattet.

Gruppenfoto mit Jens und Freunden am Dettifoss Wasserfall

Felsen in der Asbyrgi Schlucht

Die Felswand der Asbyrgi Schlucht ist 100 Meter hoch.

Es ist möglich, in die Asbyrgi Schlucht bis zum Parkplatz hinein zu fahren. Im Asbyrgi Visitor Center erhält man Informationen über den National Park. Vom Parkplatz aus, ist es dann nur ein kurzer Weg zu dem kleinen See am Ende der Schlucht. Auf einer keinen Aussichtsplattform wird einem erst bewusst, wie hoch und steil die Felswand ist. Höhe 100 Meter und Länge ca. 1 km. Wer hier etwas mehr Zeit verbringen möchte, kann einen ausgiebigen Rundgang machen. Es gibt sogar einen Campingplatz mitten in der Schlucht.

Tour

Gravel-Road 684 zu den Wasserfällen Sellfoss-, Dettifoss-, Hafragilsfoss und zur Asbyrgi Schlucht

7. Tagestour
Husavik nach Akureyri

Der Weg führt uns heute in das Geothermalgebiet von Myvatn. Badehose und Handtuch sind griffbereit in unseren sw-motech Aufsatztaschen. So ersparen wir uns ein langes Ausräumen der Seitenkoffer, sobald wir an den Thermalbädern angekommen sind. Aber vorher geht es rauf zum Viti Krater. Von Husavik auf der 87 nach Reykjahlid, kurz auf die 1 und dann links abbiegen auf die 863 direkt zum Viti Vulkankrater. Am Parkplatz steht ein kleines Kassen- und Informations-Häuschen. Wir bezahlen ein paar Euro Eintritt und sind dann nach

Der Viti Krater

wenigen Minuten oben am Krater. Im Hintergrund liegt das Geothermal-Kraftwerk.

Unsere Fahrt geht dann weiter zum Geothermalgebiet Myvatn. Die Straße 848 führt dort direkt hindurch. Der karge Boden leuchtet in intensiven Farben und überall brodelt und zischt es. Hier sind einige Wege angelegt, die nicht verlassen werden sollen und es gibt einige Absperrungen. Zum einen, um das Gelände zu schützen, zum anderen, um zu verhindern, dass sich unvorsichtige Besucher verbrühen könnten.

Neben dem „Minivulkan" auf dem Bild unten ist es nicht möglich, sich in normaler Lautstärke zu unterhalten. Der heiße Dampf kommt mit großem Druck und lautem Zischen aus dem Boden geschossen. Es riecht nach Schwefel. An einer der kochenden Stellen treffen wir Hans, der einen Dokumentarfilm über Island produziert. Er hat professionelles Equipment in einem großen Koffer dabei und ist sehr konzentriert bei seiner Arbeit. Wir halten uns in diesem Gebiet viel länger auf als wir eigentlich vorhatten. Die meiste Zeit wollten wir heute eigentlich im Geothermalbad verbringen.

Geothermal-Kraftwerk Krafla am Viti Krater

Das Geothermal-Kraftwerk Krafla wurde bereits 1975 vom Isländischen Staat in Auftrag gegeben. Durch seine Nähe zu einem aktiven Vulkan kommt das Kraftwerk mit zwei Dampfturbinen auf eine Leistung von 60 Megawatt. Damit war es damals das größte seiner Art auf Island. Das heute größte Geothermal-Kraftwerk mit über 400 Megawatt ist Hellisheidi bei Reykjavik.

Heiße Schwefeldämpfe zischen aus dem Boden

7. Tagestour		ca. 194 km	
Start: Husavik (7)		**Ziel: Akureyri (8)**	
Straßenbelag:	**Asphalt 182**	**Gravel X 12 km**	

Highlights: Husavik – Viti (Krafla) Krater 70 Km, Hveraröndl Geothermalgebiet 10 km
Namaskarh (PaßStraße) 1 km, View point auf Myvatn 1 km
Myvatn Narur Bad 3 km, Grjotagja Cave unterirdischer See 3 Km
Hverfjall Krater 3 km, Dimmubourgir Lavaformation mit Basalttorbogen 4 km
Godafoss 50 km, F 832 Pass-Straße 32 km

An der Zufahrt zum Viti Vulkankrater steht ein Schild mit einer Luftaufnahme des Kraters.

An der Straße nach Myvatn steht dieses Schild. Eine gute Orientierungshilfe im Geothermalgebiet Myvatn.

Tour

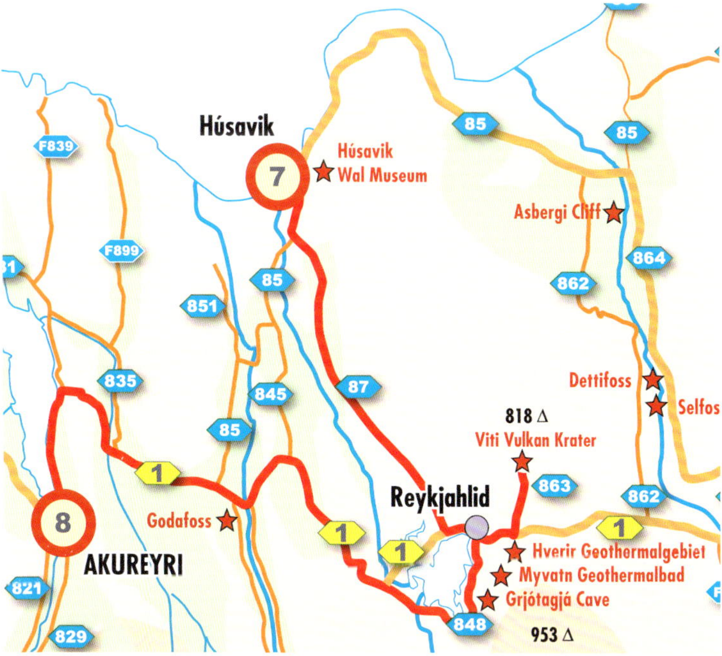

Das Geothermalgebiet Myvatn. Unglaubliche Farben, Geräusche und Gerüche

Eingang zur Höhle

Im Naturschutzgebiet von Grjotagja liegt eine Höhle mit 43 bis 46 Grad heißem Wasser. Früher war es hier noch erlaubt zu baden. Wegen der Gefahr von herunterfallender Felsbrocken ist das Baden nun nicht mehr erlaubt. Das Betreten ist zwar nicht verboten, aber ein Warnschild macht die Besucher auf die Gefahr aufmerksam, dass das Betreten auf eigene Gefahr geschieht. Das heiße Wasser ist so klar, dass ich das Handy zum Fotografieren aus Versehen ins Wasser halte. Zum Glück ist es wasserdicht und nimmt keinen Schaden. Hier könnte man es sich „einigeln“ wenn es draußen richtig ungemütlich wird. Wir machen noch einen Spaziergang auf dem darüber liegenden Lavafeld.

In Myvatn kocht es unter der Erdoberfläche, es blubbert ununterbrochen.

Hinweisschild im Geothermalbad Myvatn.

Das Wasser kommt hier kochend heiß aus dem Boden. Am heißesten ist das Bad in einem kleinen Pool ganz vorne rechts im Bild. Das heiße Wasser wird dann an mehreren Stellen in das große Becken geleitet. Ganz links im Bild ist es am wärmsten und wird weiter nach hinten immer kühler. In dem Gebäude vor dem Bad gibt es eine Gastronomie und einen Laden für allerlei Souvenirs. Hier sind auch die Kasse und die Umkleideräume mit abschließbaren Spinden. Der Eintritt liegt in der Hauptsaison bei 4.300 ISK, das sind ca. 35 Euro bei unserem aktuellen Kurs. Nachdem wir bezahlt haben, werden wir an der Kasse noch darauf aufmerksam gemacht, dass wir uns vor dem Gang ins Wassers vollständig nackt abzuseifen und zu duschen haben. Nach einer schönen heißen Dusche ist es draußen erst einmal recht frisch. Die beiden „Badewärter" mit den grünen Anzügen sind daher auch so warm angezogen.

Wir verbringen einige Stunden in dem Bad. Es ist einfach sooo gemütlich. Wir wechseln von warm zu wärmer. Kalt gibt es nicht. Dann wieder ins heiße Wasser. So vergeht die Zeit wie im Flug. Wir haben zwar noch ca. 100 km bis nach Akureyri, lassen uns aber trotzdem sehr viel Zeit.

Das Geothermalbad Myvatn. Hier haben wir einige Stunden im heißen Wasser verbracht.

8. Tagestour von Akureyri nach Saudarkrokur

Jonas vom Harbour House Cafe in seiner Küche

Die heutige Tour verläuft komplett auf der asphaltierten Straße. Erst auf der 82, dann auf der 76. Es geht entlang der wunderschönen Küste. Wir haben strahlend blauen Himmel und die Sonne scheint. Das Gras erscheint uns hier noch grüner als sonst. Vorbei an dem kleinen Ort Dalvik (ca. 1400 Einwohner) weiter nach Siglufjördur (ca. 1200 Einwohner).

Unser Ziel in Siglufjördur ist das Heringsmuseum. Das Museum besteht aus drei Gebäuden. Es werden alte Herings-Verarbeitungsmaschinen, ein Büro aus früherer Zeit und viele Details gezeigt, die einem das Leben veranschaulichen wie es war, als die Stadt einen Herings-Boom erlebt hat. Man hat den Eindruck, hier wurde noch vor kurzer Zeit gearbeitet, so gut ist alles erhalten. Es sind die Räume zu sehen, in denen die

Büro im Heringsmuseum Siglufjördur

Dorsch und Seewolf im Harbour House Cafe

Auf dem Weg nach Ólafsfjördur auf der 82

8. Tagestour		ca. 178 km
Start: Akureyri (8)		**Ziel: Saudarkrokur (9)**
Straßenbelag:	**Asphalt 178 km**	**Gravel 0 km**
Highlights:	Siglufjördur Heringsmuseum Harbour House Café Hofsös Schwimmbad mit Aussicht auf Fjord	

Menschen gelebt, geschlafen und gegessen haben. Auf den Öfen stehen noch die Töpfe und in den Schlafräumen sind die Betten gemacht. Sogar die Wäsche hängt auf der Leine. Alles sehr liebevoll und bis ins Detail dekoriert. Damals haben in Siglufjördur noch über 3.000 Menschen gelebt, die überwiegend im Fischfang und in der Fischverarbeitung tätig waren. In einer Halle sind zwei Fischkutter ausgestellt. Die Ausstellung ist sehr sehenswert. Hier haben wir einige Stunden verbracht. Eine sehr nette Mitarbeiterin des Museums erzählt uns vom Fischfang und wie er heute betrieben wird. Auf die Frage, wo wir denn gut Fisch essen könnten, empfiehlt sie uns das Restaurant „Harbour House Cafe". Dies liegt direkt am Hafen. Die Straße ist von einer Seite gesperrt und wir müssen einmal um die Gebäude herumfahren, um zu dem Restaurant zu gelangen. Dies ist vielleicht der Grund, warum wir die einzigen Gäste sind. Der Inhaber des Restaurants heißt Jonas. Er ist auch der

Heringsmuseum in Siglufjördur

„Oil Boiler" im Heringsmuseum Siglufjördur

„The Cooker" im Heringsmuseum Siglufjördur

Fischkutter im Heringsmuseum Siglufjördur

Wäsche auf der Leine im Heringsmuseum

Schlafzimmer im Heringsmuseum

Küche im Heringsmuseum Siglufjördur

Auf der 82 nach Norden

Koch und obendrein ein guter Geschichtenerzähler. Jonas ist schon als sehr junger Mann zur See gefahren und hat viel von der Welt gesehen. Er erzählt uns einige Geschichten aus seinem Leben. Auch in Hamburg sei er gewesen. Dann nimmt er uns mit in seine Küche und zeigt uns frischen Dorsch und Seewolf. Eigentlich wollten wir ja Hering essen, aber angesichts dieser Fische entscheiden wir und für Dorsch und Seewolf. Den bereitet er selbst zu. Als Beilage gibt es eine große gebackene Kartoffel mit Kräuterquark und frischem Salat, zerlassene Butter mit Zwiebeln und Knoblauch über dem Fisch. Hört sich lecker an. Ist es auch. Wir sind total begeistert von so viel Gastfreundschaft und dem guten Essen. Durch unsere Anwesenheit – wir sitzen vor dem Restaurant in der Sonne – werden weitere Gäste angelockt. Doch zuerst werden unsere Motorräder, die direkt vor dem Restaurant stehen, gründlich inspiziert und die Tourkarten auf den Seitenkoffern betrachtet. Danach klönen wir mit den anderen Gästen, bis Jonas unseren Fisch serviert. Während wir essen, beobachten wir die Gabelstapler beim Transport der großen Fischboxen. Die meisten sind voll mit Dorsch und Rotbarsch.

Im einspurigen Tunnel nördlich von Siglufjördur

Hafen von Siglufjördur

Jonas erzählt von den Krabbenkuttern, die jede Woche mit 25 Tonnen Scampis nach Siglufjördur kommen. Auf die Frage, ob bald keine Fische oder Scampis mehr da seien werden erhalten wir die Antwort, dass sich die Bestände so gut erholt hätten, dass die Fangquoten wieder erhöht worden sind.

Privat darf er so viel fischen wie er will, erzählt er. Wenn er mit seinem Boot aufs Meer hinaus fährt, befestigt er an seiner Angelschnur fünf Haken. Lässt er sie ins Meer hinab, würden kurze Zeit später an jedem Haken ein Fisch hängen. Dann könne er wieder nach Hause fahren und für die ganze Familie leckeren Fisch zubereiten. So einfach geht hier das Angeln. Es gäbe immer noch riesige Heringsschwärme, erzählt Jonas, aber der Hering würde nicht mehr wie früher hier im Ort verarbeitet werden. Daher ist die Einwohnerzahl von über 3.000 inzwischen auf 1201 Einwohner (Zählung Jan. 2017) gesunken. Nach unserem köstlichen Essen besuchen wir noch die große Fischauktionshalle. Hier wird der frisch gefangene Fisch in großen Boxen mit Gabelstaplern für den Versand vorbereitet. Wir beobachten, wie der Fisch nach Arten sortiert wird. Erstaunt sind wir über die Größe der Dorsche. Jonas erzählt vom Fischereikrieg zwischen Island und England. Die Fischereigrenze

Heringsfässer vor dem Heringsmuseum

Parken direkt vor dem „Harbour House Cafe"

wurde von den Isländern von 4 auf 12 Meilen, dann auf 50 und zuletzt auf 200 Seemeilen ausgeweitet. Das hat die Fischbestände wieder auf die heutige Menge anwachsen lassen.
Der Ort Siglufjördur war früher auf dem Landweg nur schwer zu erreichen, da er zwischen mächtigen Bergketten liegt. In den Jahren 2006 bis 2010 wurde dann ein Tunnel zwischen Siglufjördur und Òlafsfjördur gebaut. Damit war die Verkehrsanbindung deutlich verbessert worden. Wir verlassen die nördlichste Stadt Islands auf der nach Norden weiterführenden 76 und passieren den Tunnel. Er ist einspurig mit kleinen Haltebuchten.

Jonas und Marcus vor dem Harbour House Cafe

Tour

Weg vom Heringsmuseum in Richtung Hafen.

Vor der Einfahrt zum einspurigen Tunnel auf der 76

An den Tunnelwänden hängen Planen, die vor herunterfallenden Steinen schützen sollen. Kurz vor dem Tunnel auf der 76 steht ein Hinweisschild. Eine Seite hat Vorfahrt. Auf unserer Rute nach Norden sind wir es, die beim Auftauchen der Scheinwerfer des Gegenverkehrs in die Haltebuchten fahren müssen. Die Beleuchtung ist spärlich und es ist kaum zu erkennen, wo die nächste Haltebucht ist. Im Tunnel soll mit einem Abstand von 200 Metern von Fahrzeug zu Fahrzeug gefahren werden. Hierdurch wird der Verkehr in die Länge gezogen. Die kurzen Haltebuchten, um dem Gegenverkehr auszuweichen, reichen nur für zwei bis drei Fahrzeuge. Aber es regelt sich alles wie von selbst. Es wird Rücksicht aufeinander genommen und das macht es so einfach. Die Fahrt auf der 76 ist wunderschön, leichte Kurven und Asphalt lassen einen nur so dahin schweben. Heino fragt, ob ich Lust auf Musik habe. Unsere Shoei Neotec Helme können wir mit der Musikdatenbank vom Handy verbinden und so dieselbe Musik genießen. Auch wenn wir die ganze Zeit miteinander per Funk verbunden sind, reden wir nicht ständig miteinander. Manchmal ist einfach Funkstille.

Aber jetzt steht uns der Sinn nach Musik. Das Leben kann so schön sein. Dann noch so ein Wetter! Man

Hafen von Saudarkrokur

Steilküste mit Basalsäulen an der 76

Tour

sieht es an den Bildern. Wir genießen die Weiterfahrt, bis wir zum Hofsös Thermal-Schwimmbad mit Aussicht auf den Fjord kommen. Das Bad ist nicht so groß wir das in Myvatn, aber hier hat man vom Wasser aus einen fantastischen Blick über den Fjord. Sehr sehenswert ist kurz darauf die Basalt-Steilküste. Die Basaltfelsen scheinen aus einzelnen Stäben zusammengesetzt zu sein. Teilweise vier, fünf oder sechseckig.

Es geht dann weiter auf der 76 südwärts bis zur Abzweigung auf die 75. Kurz vor Saudarkrokur ist über den Fjord ein Damm und eine Brücke gebaut worden. Obwohl wir uns nicht auf der Ringstraße 1 befinden, sind Damm und Brücke zweispurig ausgebaut. Hauptwirtschaftszweig ist auch hier der Fischfang. Aber Saudarkrokur ist ebenfalls für seine Islandpferde bekannt. Nirgendwo sonst auf Island soll es so viele Pferdezüchter und Pferde geben wie hier. Wir haben uns für heute ein Zimmer in einem Guesthouse gebucht. Parken können wir gleich neben dem Eingang. Die junge Frau am Empfang hat unseren Schlüssel schon bereitgelegt. Das Zimmer ist klein aber geschmackvoll eingerichtet. Im ersten Stock gibt es eine Küche und einen Aufenthaltsraum. Wir machen uns erst einmal einen Tee und erkunden dann die Stadt zu Fuß.

Hohsös Thermal-Schwimmbad an der 76

9. Tagestour Saudakrokur nach Kerlingarfjöll

Von unserem Guesthouse in Saudarkrokur fahren wir ca. 10 km zu der Glaumbaer Torfhausanlage. Diese Anlage besteht aus mehreren einzelnen Torfhäusern, die durch Gänge miteinander verbunden sind. Diese Gänge sind ebenfalls mit Torf abgedeckt und es ist innen ziemlich dunkel. So kann man von Haus zu Haus gehen, ohne die Häuser verlassen zu müssen. In diesem gesamten Komplex haben offensichtlich sehr viele Menschen gelebt. Es gibt alles, was zum Leben notwendig ist. Ein Haus hat eine Kochstelle, ein anderes diente als Schlafstelle. Es gibt einen Aufenthaltsraum und Arbeitsplatz. Ein Haus mit Fässern und ein anderes mit allerlei alten Geräten. Die Wände sind komplett aus Torfsoden oder Grassoden gebaut und bieten so eine ideale Isolierung. Die ersten solcher Gebäude sollen hier bereits im 11. Jahrhundert errichtet worden sein. Der Komplex wird als Museum betrieben. Unserer Meinung nach lohnt sich der Besuch. Wir fahren dann weiter zur Vidimyri Kirche, die ebenfalls als Torfhaus errichtet wurde.

Auf der F 53 in die Highlands

Anschließend geht es weiter zur F-35. Auf diese Strecke freuen wir uns schon seit der Planung der Tour. Über 100 km auf der Gravel-Road ins isländische Hochland. In einem Reiseführer hatten wir gelesen, dass hier im Sommer viel Verkehr herrschen sollte. Das können wir definitiv nicht bestätigen. Ab und zu einem Auto zu begegnen ist nur für Isländer, die hier auch den Winter kennen, schon viel Verkehr. An den besonders schönen Stellen gesellt sich mal ein Monstertruck mit Touristen dazu. Aber Touristen sind wir ja hier auch. Besonderen Wert legen die Isländer auf den Erhalt ihrer Naturlandschaft. Es ist daher streng verboten, die Straßen zu verlassen. An manchen Stellen ist jedoch kaum zu erkennen, wo die Straße eigentlich verläuft. Oft stehen alle 50 bis 100 Meter die gelben Pfähle, um den Straßenrand zu markieren. Aber hier auf der F35 fehlen auch diese an einigen Stellen. „Hier müssen wir nach Kompass fahren" bemerkt Heino über das Kommunikationssystem. Die Straßenmarkierung fehlt jetzt ganz. So weit man sehen kann, ist keine Markierung zu erkennen. Ein wenig Übertreibung macht's anschaulicher. Wir gelangen zum Geothermalgebiet Hveravellir. Hier treffen wir zwei Jungs mit einem Jeep, den sie auch etwas „präpariert" haben: Auf der Kühlerhaube steht „Island" zu lesen und an der Seite haben sie die Flagge Islands aufgeklebt. Die beiden sprechen uns an. Sie kommen aus Rendsburg und sind echte Islandfans. Später machen sie während der Fahrt Fotos von uns, aus dem fahrenden Jeep.

Lange Strecken fahren wir im Stehen, weit nach vorne über dem Tank gebeugt. Bei ca. 60 km/h gleitet die GS nur so über die Schotterpiste dahin. Auf dem losem Untergrund müssen wir erst einmal einige Zeit ausprobieren, welches für jeden die richtige Geschwindigkeit und Haltung ist. Manchmal sind die Schlaglöcher so dicht beieinander, dass man sie nicht umfahren kann. Dann vermeiden wir einfach die größeren und tieferen. Durch

Glaumbaer Torfhäuser

9. Tagestour		ca. 177 km	
Start: Saudarkrokur (9)		**Ziel: Kerlingarfjöll (10)**	
Straßenbelag:	**Asphalt 59 km**	**Gravel X**	**118 km**
Highlights:	Saudarkrokur – Hveravellir Geothermal 135 km		
	Glaumbaer Torfhäuser, Vidimyrar Kirkja, Torfhaus Kirche		
	Schotter ab Kerlingarfjöll Mountain Resort 40 km, 1 Std. 15 Minuten		
	Resort – Borholan Kerlingarfjöll 6 km mit Bike		
	Wanderung zum Hveravellir		

alle anderen fährt man einfach hindurch. Die Vorderradgabel bewegt sich wie die Nadel einer Nähmaschine und ich bin froh, dass die Techniker bei BMW bei der GS eine Qualität verbaut haben, die das aushält. Später bei der Inspektion der Gabeln sind keine Schäden feststellbar. Insgesamt fahren wir auf unserer Island-Tour fast 1000 km auf Gravel-Roads. Offroad bedeutet hier, auf nicht asphaltierter Straße unterwegs zu sein. Aber diese Gravel-Roads würde man in Deutschland schon als Offroad bezeichnen.

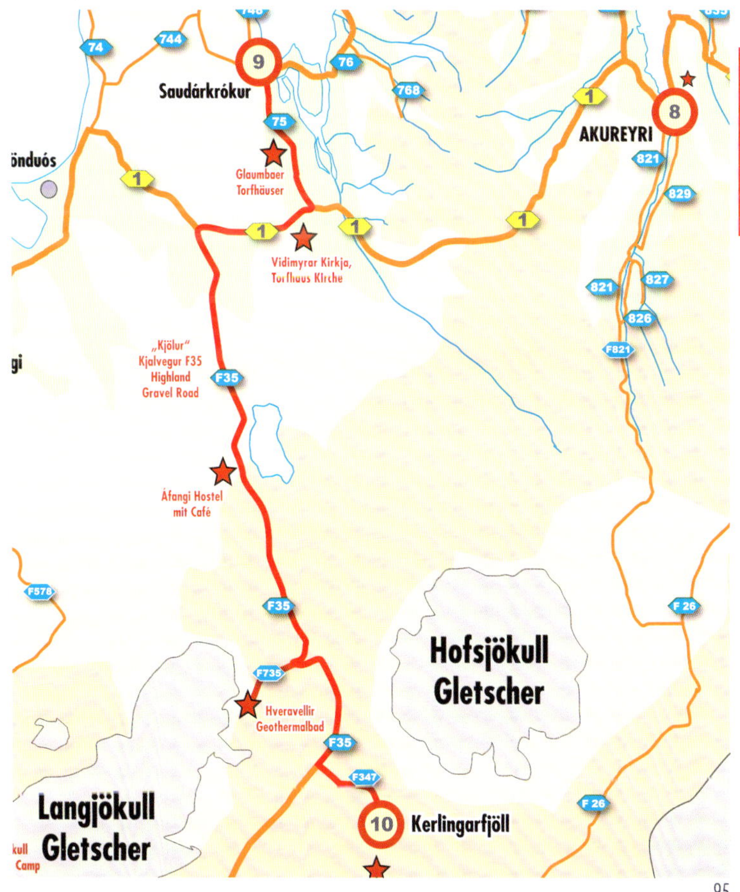

Tour

Malbik Endar, Ende der Asphaltstraße

Einige Leser haben vielleicht von Problemen mit der Vorderradgabel bei der GS gehört. Wir sind nach der Tour extra zum BMW-Service gefahren und haben die Gabeln kontrollieren lassen. An beiden Maschinen waren keine Schäden festzustellen.
Wir sind heute über 100 Km auf der Gravel-Road unterwegs. Als wir an unserem heutigen Ziel ankommen, bemerken wir, dass der Tag doch ziemlich anstrengend war. Aber es war wirklich toll und die Strecke hat uns viel Spaß gemacht. Am Abend erreichen wir das Kärlingagfjöll Mountain Resort. Wir haben ein kleines Nurdachhaus nur für uns gebucht, mit eigenem Bad. Es gibt auch eine Gemeinschaftsküche und einen Essraum für ca. 30 Personen. Dort sieht es absolut chaotisch aus. Einige Gäste sind am Kochen, aber es gibt nur zwei Gaskocher, ein vierflammiger und einer mit nur einer Flamme. Es sind uralte Kochtöpfe vorhanden und am Abwaschbecken gibt es nur kaltes Wasser. Wir setzen uns an einen der langen Tische zu einem Pärchen mit zwei kleinen Kindern. Die sind bestens vorbereitet und

Das ist artgerechte GS Haltung! Offroad oder Straße? Das ist hier die Frage.

bereiten sich gerade Gemüse und Geflügel zu, in einem Topf, den sie wie einen Wok benutzen. Dazu haben sie frischen Salat. Das sieht lecker aus. Unsere Ausrüstung hat für den Notfall nur Tütensuppen zu bieten. Wir entscheiden, dass heute dieser Notfall eingetreten ist und bereiten uns mit kochendem Wasser eine Chinasuppe zu. Dazu haben wir noch eine Dose mit Gemüse. Einmal aufkochen und ziehen lassen. Dann füllen wir alles auf unsere Plastikteller und genießen unser „Gourmet-Dinner". Camping-Romantik pur. Das Beste an solchen Abenden sind die Gespräche mit den anderen Gästen. Unser Mahlzeit am Nachmittag beim Hveravellir Thermalbad war nicht besonders üppig.

Dass Island teuer ist, ist ja kein Geheimnis. Aber einen kleinen Blechnapf mit wenig Fisch, Kartoffeln und etwas Sauce für ca. 25 Euro zu verkaufen, ist schon dreist. In Reykjavik erzählt uns ein Geschäftsmann, dass bei einigen Isländern Goldgräberstimmung herrsche und sie die Preise völlig überziehen würden. Er ärgere sich über diese Art Geschäfte zu machen, weil er meint, dass es auf Dauer dem Tourismus schaden würde. Auf dem Foto sind der Preis und die Größe der Schale gut neben dem Kassenbon zu erkennen. Dann erreichen wir Kerlingarfjöll. Unser Nurdachhaus ist sehr einfach ausgestattet. Ein Bett besteht aus Untergestell und einer großen Holzplatte, auf der eine Matratze liegt. Das Laken ist nicht ganz sauber. Besonders pingelig darf man hier nicht sein. Dafür ist der Ausblick aus unserem Häuschen ganz fantastisch. Wir sehen auf den gegenüberliegenden Berg, vor dem ebenfalls noch vier Nurdachhäuser stehen und etwa 40 Zelte mit Jugendlichen. In unserem keinen Nurdachhaus ist es dann aber doch sehr gemütlich. Es gibt einen Wasserkocher. Wir bereiten uns einen Tee zu und sehen von unserer Sitzecke am Fenster auf den Fluss. Hier oben in den Highlands ist es wichtig, die körpereigene Betriebstemperatur zu halten. Rundum, auf den Hügeln und neben unserem Haus, liegt Schnee und zwei Gletscher sind in der Nähe. Also entschließen wir uns zu einem guten Schuss Rum in den Tee.

Geothermalbad Hveravellir

Imbiss in Hveravellir für 2.900 IKR

Ankunft in Kerlingarfjöll

Glaumbaer Torfhäuser

sind eine der großen Attraktionen auf Island. Laut Geschichtsschreibung soll sich hier bereits im 11. Jahrhundert das Ehepaar Thorfinn Karlsefni und Gudridur Porbjarnardottr, die Island entdeckt haben sollen, niedergelassen haben. Diese Familie wurde sowohl im Wirtschaftsleben als auch gesellschaftlich und im Religiösen sehr einflussreich.

Die Glaunbaer Torfhäuser mit einem der rückseitigen Eingänge

Eines der Torfhäuser als Fasslager

Eines der Torfhäuser als Küche

Rückseite der Torfhäuser

Torfhaus Kirche Vidimyrar Kirkja

Eines der Torfhäuser als Schlafzimmer

Die Torfhäuser sind miteinander verbunden

Tour

Vorderseite der Torfhäuser mit Steinweg

Die F35 nach Hveravellir

Auf der F35 nach Hveravellir. Irgendwo habe ich gelesen, hier sei viel Verkehr ...

Gastronomie Hveravellir, Unterkunft in Stockbetten

Hier sprudelt kochendes Wasser aus der Erde.

Schwefeldampf zischt laut aus dem Boden.

Hveravellir Geothermalgebiet. Es riecht nach Schwefel.

Tour

Kochende Quellen und sattes grünes Gras

Energieversorgung aus dem „Garten"

Hveravellir Geothermalgebiet

10. Tagestour
Kerlingarfjöll nach Laugarvatn

Wir starten in Kerlingarfjöll auf der Gravel Road Richtung Süden. Zur F35 sind es auf der F347 ca. 9 km. Unser Weg führt uns zwischen zwei Gletschern hindurch. Den Langjökull und den Hofsjökull Gletscher. Der erste Stopp ist nach ca. 38 km am Wasserfall Gullfoss. Kurz davor haben wir wieder eine asphaltierte Straße. Der Wasserfall ist sehr beeindruckend. Zwei große Parkplätze sind voll besetzt und sehr viele Menschen laufen herum. Wir setzen uns in das Restaurant und essen Lammsuppe. Die ist sehr lecker und, was wir auf Island noch nicht erlebt haben, man darf sich von der Suppe noch einen Nachschlag nehmen, wenn man noch Hunger hat. Nun haben wir etwas Warmes im Bauch. Das tut gut. Auf Gravel-Road zu fahren ist anstrengend. Das merkten wir aber immer erst hinterher. Auf der Fahrt hierher hatten wir Nieselregen und 5 Grad.

Dann geht es weiter zu den Geysiren. Hier ist es wirklich voll. Der ehemals größte Geysir hat bereits aufgehört Wasser zu spucken, aber bei dem Geysir mit Namen „Butterfass" direkt daneben, schießt alle 5 bis 10 Minuten das Wasser noch etwa 20 Meter in die Höhe. Wir stellen uns zu den vielen anderen Touristen, die mit Bussen hierher gefahren wurden. Alle warten auf den richtigen Moment für das beste Foto.

Weiter geht es dann auf der 37 zum Wasserfall Bruarfoss, der sehr schön in einem mit Sträuchern bewachsenen Tal liegt. Einige bezeichnen den Bruarfoss als den schönsten Wasserfall Islands. Wer gerne schöne Fotos machen möchte sollte hier einen längeren Stopp einlegen. Man muss nämlich vom Parkplatz aus ein ganzes Stück zu Fuß gehen. Aber der Weg lohnt sich. Feste und wasserdichte Schuhe sind empfehlenswert. Wir haben mit unseren Motorradstiefeln kein Problem. Aber andere Besucher des Wasserfalls gehen mit Turn- oder Straßenschuhen durch das Gestrüpp und die Matschlöcher. Sie bekommen natürlich nasse Füße. Unsere total verdreckten, aber wasserdichten Touratech und Vanucci Stiefel, werden am Abend einfach zusammen mit den Motorrädern an der Tankstelle abgespritzt.

Dann geht es weiter zu unserem Hotel Galerie Laugarvatn. Das Hotel ist klein, aber sehr schön hergerichtet. Wir haben ein großzügiges Zimmer mit zwei Queen-size-Betten. Es gibt zwar nur ein Gemeinschaftsbad, aber auch das ist sehr gepflegt, sauber und großzügig. Wir packen unsere Sachen aus und machen uns anschließend, nachdem wir im Restaurant einen Kaffee getrunken haben, auf den Weg zu einem kleinen Kaufmannsladen. Auf dem Rückweg sehen wir vor einem Hostel ein altes Militär-Motorradgespann und ein weiteres Motorrad mit deutschem Kennzeichen. Wie entdecken einen Aufkleber der T40 in Argentinien und Heino will die Fahrer unbedingt kennenlernen, weil er die T40 auch gefahren ist. Wir gehen rein und fragen an der Rezeption nach den Fahrern der Motorräder. „Seht mal in der Küche nach", sagt man uns. Dort treffen wir Anette und Achim. Die beiden sind mit ihren zwei Kin-

„Butterfass" Geysir mit Wasserfontäne

10. Tagestour		ca. 132 km	
Start: Kerlingarfjöll	(10)	Ziel: Laugarvatn (11)	
Straßenbelag:	Asphalt 50 km	Gravel X	82 km
Highlights:	Kerlingarfjöll – View point Gletscher Nordurjökull		
	Gullfoss 38 km		
	Geysir Strokkur 10 km		
	Bruarfoss 15 km		
	Restaurant Galerie Laugarvatn 17 km		

dern mit den Motorrädern unterwegs. Die Kinder sind 11 und 14 Jahre alt. Zwei Jungs, mit denen sie auch schon in Argentinien unterwegs waren. Sie erzählen, dass es damals leichter war mit den kleinen Kindern als heute mit den großen. Wir unterhalten uns sehr lange und erfahren, dass die beiden Designer für Motorradbekleidung sind. Sie sind die gesamten Sommerferien, über sechs Wochen, mit den Motorrädern unterwegs. Achim will im Oktober noch einmal wiederkommen um Island im Herbst bzw. Winter zu erleben. Ein schöner Plan. Hier unten ein Blick aus unserem Häuschen auf den Fluss und den Campingplatz. Die Lage an dem kleinen Fluss ist wirklich wunderschön. Am Abend haben die Jugendlichen im großen Kreis bei den Zelten beisammen gesessen. Am frühen morgen bauen sie die Zelte ab und fahren mit den Bussen weiter.

Blick aus unserem Fenster in Kerlingarfjöll

Kerlingarfjöll Mountain Resort

Auf der F347 vom Kerlingarfjöll Mountain Resort Richtung F35

Der Weg Richtung Gullfoss Wasserfall

Zufluss zum Gullfoss Wasserfall

Der Gullfoss Wasserfall mit 32 Metern Fallhöhe

Auf der Brücke Gegenverkehr der besonderen Art.

Schafe gibt es fast überall ...

... aber auch Gänse auf der Straße

Tour

Der Bruarfoss Wasserfall

Erste Stufe der Fontäne

Der „Butterfass“ Geysir ist für uns eines der beeindruckendsten Erlebnisse auf Island. Tief unter der Oberfläche hat das Wasser über 100 Grad. Aufgrund des Drucks kocht es aber nicht. Die Hitze steigt dann langsam weiter auf und bringt das darüber befindliche Wasser mit niedrigerem Wasserdruck zum Kochen. Es bildet sich Wasserdampf, der das Wasser darüber nach oben schießen lässt. Der Druck ist dann erst einmal entwichen und das ganze wiederholt sich.

... und wieder ca. 10 Mitnuten warten

Zweite Stufe der Fontäne

Bei der höchsten Stufe erreicht die Fontäne bis zu 20 Meter Höhe.

Tour

11. Tagestour
Laugarvatn nach Sealingsdalur

Wir starten nach gutem Frühstück im Galerie Art Hotel in Laugarvatn. Der Betreiber des Hotels ist ausgesprochen nett. Hier ist man bemüht, den Gästen den besten Service zukommen zu lassen. Wir fahren erst zur Tankstelle und reinigen unsere total verdreckten Maschinen. Dabei stellt Heino fest, dass der hintere Schmutzfänger nicht mehr richtig fest ist. Er versucht es mit Unterlegscheiben, die er unter die letzten beiden noch vorhandenen Schrauben legt und kann es so einigermaßen befestigen.

Die Fahrt geht dann in den Pingvellir Nationalpark. Dort machen wir einen ausgiebigen Spaziergang. Der Weg geht zwischen der eurasischen und der amerikanischen tektonischen Kontinentalplatte hindurch. Hier treffen diese Platten aufeinander und bewegen sich langsam auseinander. In der Mitte des Spalts kann man durch einen angelegten Weg hindurchgehen. Im Tal sind die Felswände weit voneinander entfernt. Je weiter man den Weg hinaufgeht, desto enger wird die Spalte. Bis sie ganz oben, kurz bevor man den oberen Rand der Spalte erreicht hat, nur noch ein paar Meter breit ist. Von hier oben hat man einen herrlichen Ausblick über die ganze Ebene. Wir gehen dann ein ganzes Stück zurück in das Tal, zu einem großen Versammlungsplatz. Dieser Ort heißt Pingvellir = Volksversammlung. Hier haben die Bewohner Islands bereits um das Jahr 930 Versammlungen abgehalten. Aus allen Teilen des Landes liefen hier die Wege zusammen. Während dieser Versammlungen wurden Gesetze beschlossen und Urteile gefällt. Damit gehört dieser Platz zu den ältesten bekannten Parlamenten der Welt und ist UNESCO Weltkulturerbe. Von dort gehen wir weiter zu der kleinen Kirche und dann zurück zum Parkplatz.

Anschließend fahren wir fahren zur Silfra Spalte. Das Wasser in der Spalte ist unglaublich klar und ca. 3 Grad kalt. Vor Ort werden Tauchgänge mit thermisch isolierten Taucheranzügen angeboten.

Dann fahren wir weiter zur Lavahöhle „The Cave". Ihren Besitzer, Stefan Stefanusson, treffen wir, nachdem wir eine Tour mit seinem Sohn in die über 1600 Meter langen Höhle gemacht haben. Die Höhle befindet in einem ehemaligen Lavastrom. Der um das Jahr 1300 ausgebrochene Vulkan hat über mehrere Kilometer Länge und ein paar hundert Meter Breite Lava ausgeschüttet. Im Lavafluss hat sich diese Höhle gebildet. In der Höhle ist es feucht und um 0 Grad kalt. Teilweise ist Eis auf dem Boden. Stalaktiten und Stalagmiten in der Größe eines Bleistiftes werden von unserem Guide herumgereicht und gleich wieder sorgsam eingesammelt. Wertvolle Stücke in dieser zerbrechlichen Welt. Einen eindrucksvollen Einblick erhält man auf der Internetseite „thecave.is". The Cave ist ein Familienunternehmen. Der Vater mit Sohn und Tochter managen das Unternehmen zusammen mit einigen Mitarbeitern. Die Führungen in die Höhle finden mehrmals täglich statt und dauern ca. eine Stunde. Da es in der Höhle ziemlich kalt ist, ist warme Kleidung empfehlenswert.

Hinterher gibt es heißen Kaffee.

Weg zwischen den tektonische Kontinentalplatten

11. Tagestour		ca. 269 km	
Start: Laugarvatn (11)		Ziel: Sealingsdalur (12)	
Straßenbelag:	Asphalt 193 km	Gravel X	76 km
Highlights:	Þingvellir Silfa diving Þingvellir Parlamentsplatz, Þingvellir Tektonische Kontinentalplatten Base Camp Klaki Gletscher Langjökull, The Cave Lava Höhle Hraunfossar, Wasserfall aus dem Lavafeld / Barnafoss Wasserfall Deildartunguhver Heißwasserquellen		

Zwischenstopp auf der F550 auf der Hochebene

Þingvellier, der Parlamentsplatz der Wikinger

Tour

Eingang für die Taucher in das 2– 3 Grad kalte Wasser der Silfra Spalte

Taucher sind gerade ins Wasser gegangen

Glasklares Wasser bis auf den Grund

Weg zum Þingvellir Parlamentsplatz, zwischen den tektonischen Kontinentalplatten

Kirche im Pingvellir Nationalpark

Der Pingvellir Parlamentsplatz

F550 auf dem Weg nach Husafell

Hraunfossar und Barnafoss Wasserfall
liegen dicht beieinander und können von dem selben Parkplatz erreicht werden

Der Schmutzfänger hält die Belastung auf der F550 nicht mehr aus.

Die letzten Tage auf der F35 mit über 200 km Gravel Road werden von unseren 1200 GS ohne irgendwelche Probleme gemeistert. Die Reifen nutzen deutlich ab. Aber die haben ja auch ordentlich was auszuhalten. Nur der Schmutzfänger an Heinos GS fängt seit einiger Zeit an zu wackeln. Hier wird es so stark, dass wir anhalten, um zu begutachten, wie wir damit umgehen sollen. Heino entscheidet sich, ihn abzubauen. Eine der Halterungen, mit denen der Schmutzfänger befestigt ist, ist abgebrochen. Die beiden anderen sind sehr stark ausgeschlagen. Hier oben in den Highlands gibt es für uns keine Möglichkeit, das Teil vernünftig zu befestigen. Also abbauen und mit einem Spannseil am Seitenkoffer befestigen. So geht die Fahrt weiter. Ich hätte gedacht, jetzt würde bei jeder Pfütze mächtig viel Wasser und Dreck hochgeschleudert werden und halte vorsichtshalber etwas mehr Abstand. Aber dies ist nicht der Fall. Selbst nicht bei Straßen mit zahllosen Schlaglöchern, die randvoll mit Wasser stehen. Wir können also ohne Probleme so weiterfahren.

Hier abbiegen und einen Extratag für Gletscher-Tour einplanen: zum Langjökull Gletscher

Abzweigung F550 zum Langjökull Gletscher.
Zum Klaki (Jaki) Base Camp für Monstertruck und Snowmobile

Hier erahnt man noch nicht, wie groß und lang die Höhle ist.

Tour

Marcus und Stefan, der Besitzer von „The Cave"

The Cave Vidgelmir. Mit Helmlampe durch die Höhle

Eingang in die Lava Höhle „The Cave"

12. Tagestour von Sealingsdalur nach Patreksfjördur

Auf in die Westfjorde.

Wir starten von Saelingsdalur aus in Richtung Norden auf der Landstraße 60 und weiter auf der 62. Die Strecke ist leicht zu fahren. Auch die Gravelroad macht keine Probleme. An einigen Fjorden ist die Straße begradigt und geht, wie auf dem Foto zu sehen, über einen Damm zur anderen Seite hinüber. Heute ist der Wind wechselhaft, von Zeit zu Zeit weht es heftig und dann ist Vorsicht geboten. Später werden wir das noch sehr viel schlimmer erleben. Als wir zur Kleihafaheiði Skulptur kommen, machen wir kurz Rast. Heino bemerkt, dass eine Malzbierdose in der sw-motech Kofferaufsatztasche geplatzt ist. In der Tasche schwimmt alles in der klebrigen Flüssigkeit. Aber sie ist auch von innen wasserdicht. Nichts ist herausgelaufen. Etwas später halten wir an einem kleinen Bach an und waschen die Tasche aus. Im Nu ist alles wieder sauber. Einmal trockenwischen und wieder einpacken.

Kurz danach sehen wir den Hinweis auf ein Restaurant und der kleine Hunger meldet sich. Wir stoppen und ich bestelle mir eine Tomatensuppe für ca. 12,- Euro. Es ist Selbstbedienung. Aus einem großen Elektrotopf, wie wir ihn von den Glühweinständen auf heimischen Weihnachtsmärkten kennt, füllen wir uns auf. Die blass rote, leicht nach Tomaten schmeckende Flüssigkeit ist heiß und fast durchsichtig. Ein echtes Schnäppchen für diese Qualität. Dummerweise haben wir nicht vorher auf die Karte gesehen. Für ca. 15,- Euro hätten wir auch einen Burger bekommen. Wir nehmen es ohne zu murren hin und gehen wieder. Am Abend wollen wir im Fosshotel Restaurant richtig gut essen.

Die Landschaft ist beeindruckend schön. Die Sonne kommt ab und zu zwischen den Wolken hervor und bietet uns ein eindrucksvolles Lichterspiel. Wir genießen den Tag. Obwohl wir hier auf der Landstraße zügiger fahren könnten, lassen wir es langsam angehen, beschwingt von Musik, die wir über die Sena Anlage hören. Dann folgt noch ein Stück Gravelroad. Inzwischen haben wir auf der F35 schon einige Erfahrung gesammelt und so bieten uns die 32 km auf lockerem schwarzem Lavageröll keine Probleme.

Unser Hotel in Patreksfjördur ist das Fosshotel Westfjords. Eines der wenigen wirklich neuen Hotels mit hervorragendem Standard und sehr guter Küche. Hier sind die Preise der Qualität angemessen. Der Service ist super, die Zimmer für isländische Verhältnisse sehr groß und gut ausgestattet. Die Tour war heute leicht zu fahren und wir genießen es, noch einmal zu Fuß durch

GS am Ende des Tages. Morgen wird geduscht ...

Damm durch den Fjord

12. Tagestour — ca. 231 km

Start: Sealingsdalur (12)		**Ziel: Patreksfjördur (13)**	
Straßenbelag:	**Asphalt 199 km**	**Gravel** ✗	**32 km**
Highlights:	Die Westfjorde auf der Landstraße 60 und 62		
	Sealingsdal -Fjorde		
	Kleihafaheiði Skulptur		

den kleinen Ort zu gehen. Von unserem Hotelfenster können wir auf den gegenüber liegenden Campingplatz sehen. Es kommt gerade ein Pärchen auf einem Motorrad an. Gemeinsam bauen sie ihr kleines Zelt auf. Ich bin immer wieder erstaunt, wie einige es schaffen, mit zwei Personen auf EINEM Motorrad zu fahren und die dazugehörende Ausrüstung mitzunehmen. Und das auf Island, wo man ja einiges an warmer Kleidung dabei hat. Echte Packgenies!

Wir essen am heutigen Abend im Hotel. Aus Erfahrung klug geworden, sehen wir uns erst die Speisekarte an und fragen dann nach einer Empfehlung des Kochs. Natürlich wird Fisch oder Lamm besonders empfohlen. Es gibt aber auch Burger und andere einfache Gerichte. Wir nehmen den Fisch. Das Essen ist sehr gut und reichlich. Nach dem Essen holen wir unsere Laptops raus und sortieren mal wieder die Unmengen an Bildern, die wir gemacht haben. Manche Aufnahmen sind sich so ähnlich, dass wir nur an Datum und Uhrzeit recherchieren können, wo sie aufgenommen wurden. Das gilt besonders für die Gravelroad-Fotos in den Highlands.

So wird es doch noch ein langer Abend im Restaurant. Später gehen wir noch mal raus zu den Motorrädern, die direkt vor dem Hotel stehen. Ein älteres Ehepaar begutachtet gerade unsere Maschinen. Sie sind mit ihrem Wohnmobil bereits seit drei Wochen auf Island unterwegs. Es ist so schön hier, meinen die beiden. Erst in sechs Wochen müssen sie wieder zu Hause in Deutschland sein. Die Tochter habe dann Geburtstag. Danach soll es weitergehen. Aber dann in den Süden. Früher sei er auch Motorrad gefahren, sogar Sandbahnrennen. Deshalb wollte er sich nur mal kurz unsere Maschinen ansehen. Man sollte also ältere Leute im Wohnmobil nicht gleich in einen Topf werfen, sagen wir uns später im Hotelzimmer. Wer weiß, wie wir später reisen und uns dann auch nach Motorrädern umsehen werden.

Kleihafaheiði Skulptur an der 71 in der Hochebene

Aufsatztasche auswaschen. Malzbier ausgelaufen.

Typisch Westfjorde: Blick hinunter auf den Fjord

Wunderschönes Licht, wenn die Sonne durch die Wolken scheint.

Die Westfjorde auf der 60 und 62

Wir fahren die Landstraße 60 bis Flokalundur, dann weiter auf der 62. Es geht an der Küste entlang und dann über den Pass nach Norden. Hier ist die Abzweigung auf die 612, die uns morgen in Richtung Latrabjarg zu den Puffins führen wird.
Wir fahren auf der 62 nach Patreksfjördur. Unser Hotel, das Fosshotel Westfjorde, liegt direkt an der Landstraße. Der Ort hat einen kleinen Hafen, ein Schwimmbad und einen kleinen Flughafen, um im Winter versorgt werden zu können. Sogar einen 9-Loch-Golfplatz findet man einige Kilometer vor der Stadt.

Die 62 und 612 verläuft teilweise direkt am Wasser

Tour

Sonnen und 12,5 Grad in den Westfjorden. Das ist schon etwas Besonderes

13. Tagestour
Patreksfjördur nach Tálknafjördur
Auf zum Puffin Cliff

Wir starten unseren Tag mit einem sehr guten Frühstück im Fosshotel Patreksfjördur.
Dann starten wir auf der 62 Richtung Südosten und biegen dann nach rechts ab auf die Schotterpiste 612. Die ganze Nacht über hat es geregnet und es regnet munter weiter. In den Westfjorden bedeutet kein Regen schon gutes Wetter, meint ein anderer Gast. Wir sind froh, dass unsere Realer Jacken und Hosen wasser- und winddicht sind. Es ist wirklich ungemütlich draußen und wir entscheiden uns, gleich die Daunenjacken drunter zu ziehen. Thermo-Unterwäsche sowieso. Wir haben 86 km Gravelroad vor uns. Gravel fahren macht ja eigentlich Spaß, nur wenn man ständig das Visier abwischen muss, wünscht man sich zwischendurch mal keinen Regen. Auf dem Weg zum westlichsten Punkt der Insel, der ebenfalls der westlichste Punkt Europas ist, kommen wir an einem sehr kleinen Museum vorbei. Es liegt an der 612 und nennt sich Minjasafn Eglis Ólafssonar. Das interessante an dem Museum ist, was draußen vor der Tür steht: ein altes Flugzeugwrack der US Navi und zwei alte Fischkutter. Daneben stehen noch allerlei Maschinenteile und eine alte Planierwalze. Wir machen eine Menge Fotos und trinken in dem Restaurant-Laden des Museums noch einen Kaffee. Dann fahren wir weiter in Richtung Latrabjarg.
Dort an den Klippen liegt die größte Kolonie der Papageitaucher auf Island. Die heißen Papageitaucher, weil sie wie Papageien aussehen und nicht, weil sie nach Papageien tauchen. In der Landessprache heißen sie Lundies, werden aber meist Puffins genannt. Wir machen wunderschöne Aufnahmen. Allerdings müssen wir uns dafür weit über den Klippenrand hinaus wagen. Es sind sehr viele Fotografen vor Ort, einige mit professioneller Ausrüstung. Der kleine Parkplatz ist gut besucht und es kommen noch einige Busse mit Touristen. Dieser Ort ist wirklich kein Geheimtipp mehr. Aber die kleinen Puffins sind so unglaublich süß, dass man sie einfach lieben muss. Es hat inzwischen aufgehört zu regnen. Wir legen uns an den Klippenrand, um noch näher an die Puffins heranzukommen. Das stört die kleinen, manchmal etwas tollpatschig wirkenden Vögel überhaupt nicht. Mit dem Selfie-Stick komme ich mit dem Handy bis auf ca. 30 cm an sie heran. Dann sehen sie sich um und schauen einen direkt an, als wollten sie sagen: „Näher kannst du nicht herankommen, dann fällst du die Klippen runter ... und ich kann fliegen. Du nicht." Recht haben sie und bleiben einfach sitzen. Diese Anziehungskraft wird auf alle Besucher ausgeübt und das macht diesen Ort wohl so beliebt. Hier könnten wir Stunden verbringen.
Wir machen Fotos am westlichsten Punkt Europas, der auch hier liegt. Es ist ein Schild angebracht, welches gerne als Fotomotiv mit ins Bild genommen wird. Gut, dass wir am Morgen wieder unsere Thermoskannen mit heißem Tee gefüllt haben. So eine kleine Pause gibt dem Ganzen noch etwas Gemütliches, dazu eine Müslistange und einen Moment keinen Regen.

Minjasafn Eglis Ólafssonar Museum

13. Tagestour		ca. 134 km
Start: Patreksfjördur (13)		Ziel: Tálknafjördur (14)
Straßenbelag:	Asphalt 48 km	Gravel X 86 km
Highlights:	Patreksfjördur – Schiff auf Strand	
	Navi Museum	
	Beiðavik Kaffee	
	Latrabjarg Papageitaucher (Puffin) Felsen	

Puffins – die Papageitaucher an der Felsensteilküste von Latrabjarg

Tour

Flugzeugwrack der US Navi an der Straße 612

Flugzeugwrack und Mercedes LKW

Flugzeugwrack mit viel Schrott daneben

Gravel Road 612 Westfjorde Blick auf den Patreksfjördur-Fjord

Schöner Pausenplatz für unseren Shoei Helm

Fischkutter an der 612 neben dem Museum

Heino und Marcus am „Westernmost Point of Europe"

Gravel Road Westfjorde immer an der Küste entlang

Absperrungen gibt es nicht. Hier muss jeder auf sich selbst aufpassen.

Gebrütet wird in kleinen Höhlen in der Steilwand.

„Puffin" werden auf Island Papageitaucher genannt.

... auf der Suche nach dem besten Puffin Foto

Tausende von Puffins bevölkern die Steilküste.

Flügelspannweite bis 60 cm.

Puffins sind etwa so groß wir Tauben.

Auf der 614 zu einem der schönsten Strände auf Island

Ein regenreicher Tag auf Gravel Road

Die Lavafelder sind von sattem Grün überzogen

Strand von Breidavik

Schiffswrack am Strand an der 612

Das Schiffswrack des Gardar BA 64 ist laut Schild, welches neben dem Schiff angebracht wurde, das älteste Stahlschiff auf Island. Gebaut wurde es 1912 in Norwegen. Seit 1981 liegt es hier am Strand und rostet vor sich hin. Auf der 612 fahren wir zurück bis zur Abzweigung der 614. Hier geht es weiter über eine Gravel Road mit sehr rotem Boden. Da es so lange geregnet hat, haben sich viele Pfützen gebildet. Das macht nicht nur unsere Maschinen richtig dreckig, sondern uns ebenso. Zumindest bis zu den Knien. Aber der Weg lohnt sich. Der einzigartige helle Sandstrand mit Karibik Flair und Farbenpracht liegt am Ende der 614 vor uns. Wenn es 20 Grad wärmer wäre, könnte man vermuten, man sei auf einer Südseeinsel. Wir können nicht ganz bis zum Strand fahren. Aber es gibt einen Parkplatz, von dem aus es nicht weit zum Wasser ist. Badehosen raus oder nicht? Nein, wir nehmen doch lieber das nächste heiße Thermalbad.

Am Abend ist groß Reinemachen angesagt. Nicht nur die Motorräder werden gründlich mit Wasser und Besen abgeschrubbt, auch wir spritzen uns mit dem Wasserschlauch gründlich ab.

Pflegeprogramm für Mann und Maschine

14. Tagestour
Tálknafjördur nach Isafjördur

In unserem kleinen Guesthouse gibt es trotz der wenigen Zimmer ein sehr ordentliches Frühstück. Wir starten heute von Tálknafjördur auf der Landstraße 617 und biegen nach kurzer Fahrt auf die 63 in Richtung Isarfjördur ab.
In Bildudalur besuchen wir das Monster-Museum. Es ist sehr klein, aber niedlich hergerichtet. Wir haben erst gedacht, es sei mehr etwas für Kinder. Zwei junge Frauen verkaufen die Eintrittskarten und bieten kleine Snacks und Kaffee an. Die Beiden sind so sehr davon überzeugt, dass wir die Ausstellung unbedingt sehen müssen, dass wir uns überreden lassen, hineinzugehen. Es ist ganz liebevoll gemacht, aber schon nach sehr kurzer Zeit haben wir alles gesehen. Wir machen ein paar Fotos. Vielleicht können wir uns ja später noch etwas vor den Monstern gruseln.
Auf der 63 und dann auf der 60 geht es weiter zum Dynjandi Wasserfall. Die Straße geht über einen Pass. Oben haben wir sehr starken Nebel und es ist kalt. Wir können kaum 100 m weit sehen. Aber die Straßenverhältnisse sind gut. Dann erreichen wir den Wasserfall. Eine gigantische Kulisse. Wir steigen den Berg hoch, um Fotos machen zu können. Ein Ort, für dessen Besuch wir uns einfach Zeit lassen.
Dann fahren wir weiter auf der 60 über den nächsten Pass. Die Straße schlängelt sich durch die Berge. Diese Strecke ist für mich der bisher am schwierigsten zu befahrenen Teil unserer Tour. Eine riesige Maschine kommt uns entgegen und bearbeitet die Straße. Trotzdem bleibt sie für den Verkehr offen und kann befahren werden. Allerdings ist der Boden durch die Maschine nicht fester, sonder weicher und durch den Regen matschiger geworden. Teilweise müssen wir sehr langsam fahren, um das Moped unter Kontrolle halten zu können. Auf der 60 nach Pingeyri fahren wir wieder über einen Pass, der ca. 530 m hoch ist. Hier oben ist es wieder sehr neblig und sehr kalt. Die Straße hat unglaublich viele Schlaglöcher, die mit Regenwasser gefüllt sind. Wie sehen aus wie die Ferkel. Einzelne Schlaglöcher zu umfahren ist gar nicht möglich, weil es einfach zu viele sind. Also meiden wir die größten Löcher so gut es geht und bei allen andern fahren wir einfach durch. Auch daran gewöhnen wir uns mit der Zeit. Nach kurzer Zeit sind die Bikes und wir völlig von dem matschigen Boden verdreckt. Ob die Hosen wohl wieder sauber werden, fragen wir uns. Dann endet die unbefestigte Straße und wir fahren wieder auf Asphalt. Diesmal sind wir ganz froh darüber. Bei der nächsten

14. Tagestour		**ca. 174 km**	
Start: Tálknafjördur (14)		**Ziel: Isafjördur (15)**	
Straßenbelag:	**Asphalt 82 km**	**Gravel X**	**92 km**
Highlights:	Tálknafjördur Bildudalur Monstermuseum		
	Dynjandi Wasserfall		
	F622 am Fjord entlang ab Þingeyri		

Tankstelle machen wir erst einmal unsere Bikes sauber. Mit dem Wasserschlauch und dem Besen waschen wir nicht nur die Maschinen, sondern auch uns gegenseitig. Und siehe da: Die Hosen und Stiefel werden auch wieder ganz sauber. Der Weg nach Isafjördur ist dann auf der 60 leicht zu fahren. Wir kommen schnell durch und fahren erst einmal durch die Stadt, auf der Suche nach einem Restaurant. Heino hat da einen Tipp. Gerne hätten wir am Hafen in dem Fischrestaurant „Tjöruhused", einer uralten Kate gegessen. Es liegt gleich neben dem Museum. Das Restaurant ist noch nicht geöffnet, aber es sind schon einige Mitarbeiter mit Vorbereitungen beschäftigt. Auf die Frage, wann wir zum Essen kommen könnten, erhalten wir die Gegenfrage, ob wir reserviert hätten. Nein, haben wir nicht. Es gibt zwei Essenszeiten und leider sind beide Durchgänge für den heutigen Abend bereits ausgebucht, erhalten wir als Antwort. Kaum zu glauben. Hier am Ende der Welt muss man rechtzeitig reservieren? Wir fahren dann erst einmal ins Hotel, duschen und wollen uns dann nach einem anderen Lokal umsehen. Gegen 18 Uhr gehen wir wieder los, doch viele der Restaurants, die uns gut erscheinen, sind ausgebucht. Ein Pärchen, das ebenfalls sucht, vermutet, dass die Vorbestellungen von Reiseveranstaltern vorgenommen werden. Wir finden dann aber doch noch ein Restaurant und haben einen sehr netten Abend.

Der für mich definitiv schönste Wasserfall auf Island. Der Dynjandi Wasserfall

Dynjandi Wasserfall

Tour

Huldufólk – die verborgenen Monster, Elfen und Trolle

Angeblich glauben viele Isländer an „Verborgene Wesen" Huldufolk heißt übersetzt: Das dunkle Volk.
Ob die Isländer wirklich daran glauben oder sich damit nur einen Scherz machen, ist uns nicht ganz klar. Einige behaupten, sie wüssten es ganz genau, dass es welche gäbe. Auf gar keinen Fall darf man diese Wesen erzürnen, so sagt man. Denn dann geht etwas schief. Angeblich wird sogar beim Straßenbau darauf geachtet, die Elfen nicht zu erzürnen. Ist an einer Stelle eine „Elfenkirche", so wird die Straße einfach in einem Bogen darum gebaut. Ich denke, die Monster, Elfen und Trolle sind auch alle Motorradfahrer und freuen sich, dass wir mal vorbeischauen. Im Nebel, oben auf dem Pass, habe ich einen ganz schwach in den Nebelschwaden auf seinem Motorrad erahnen können. Er hat ganz cool gegrüßt und ist dann im Nebel verschwunden.

Monsterlektüre im Monstermuseum

Digitale Straßenschilder wie dieses findet man sehr oft auf Island. Sie geben dem Fahrer Auskunft über die Windrichtung, die mittlere Windgeschwindigkeit und die Temperatur auf einer Straße oder einem Pass. Miklidalur ist nach unserem Start in Patreksfjörder die erste Passstraße. Untere Zeile: Windrichtung Süd-Ost Stärke 1 und plus 9 Grad. Vindhvidur ist in Windgeschwindigkeit in Böen. Diese wird heute auf diesem Schild nicht angegeben. Auf dem Pass ist fast kein Wind, dafür umso mehr Nebel.

N = Norden = Nordur A = Osten = Austur
S = Süden = Sudur V = Westen = Vestur

Oben auf dem Pass : Schlagloch an Schlagloch und Nebel

Im Nebel oben auf dem Pass. Wenn man Elfen begegnen will, dann hier.

Tour

Hier kommt uns die Planiermaschine entgegen.

Maschinenpflege an der Servicestation.

Sieht auf dem Foto wie fester Untergrund aus.
Ist aber hinter der Maschine total weich und matschig.

… und dann laufen sie noch schnell über die Straße.

Eben noch Nebel und jetzt scheint kurz die Sonne.

Schafe am Straßenrand

Altbau Arngerdhareyi in idyllischer Lage mit Ausbaureserve …

Auf der 60 Richtung Isafjördur. Auf den Bergen der Westfjorde liegt auch im Sommer der Schnee.

Tour

Sogenannte „Monster Jeeps" gibt es viele auf Island.

Beide Offroad tauglich.

Gartenzwerge auf isländisch. Bunt bemalte Kieselsteine.

15. Tagestour Isafjördur nach Búdardalur

Wir verlassen Isafjordur und fahren erst auf der asphaltierten 61 an den Fjorden entlang. Unterwegs machen wir einige Stopps, wie hier vor einem Tunnel. Kaum zu erkennen sind die Schafe oben auf dem Berg. Völlig angstfrei stehen sie direkt am steilen Abhang und sehen zu uns herunter.

An einem alten Haus am Isafördur-Fjord, das an eine Burg erinnert, halten wir und machen Fotos. Offensichtlich wurde gerade damit begonnen, es zu renovieren. Es sind bereits neue Fenster eingebaut worden. (Zu sehen auf der Seite 132)

Dann geht es hinauf ins Hochland. Alles ist grün und es ist über 20 Grad warm. Hitzewelle auf Island. Dort haben wir eine unglaublich schöne Fernsicht. Nachdem wir einige Zeit gefahren sind und höher kommen, wird es wieder etwas kühler. An der Steingrimsfjardarheidi Hochebene erreichen wir den höchsten Punkt von ca. 440 Metern. Die Straße wurde erst 1984 ausgebaut und wurde im Laufe der Zeit asphaltiert. Nebelschwaden beeinträchtigen ab und zu die Sicht. Das Thermometer zeigt nur noch 6 Grad an. Wieder einmal Zeit, die Thermoskannen herauszuholen und heißen Tee zu trinken und dazu einen Keks und ein Stück Schokolade zu essen. Immer wenn die Umgebung besonders ungemütlich erscheint, kommt uns die Idee, eine kurze Pause zu machen und den Moment zu genießen. Ich kann nur jedem empfehlen, heiße Getränke, egal ob Tee oder Kaffee, mit im Gepäck zu haben. Diese Momente sind wirklich etwas ganz Besonderes.

Gegen 16 Uhr erreichen wir dann unser Apartment Asubud in Budardalur. Per E-Mail haben wir eine Schlüsselnummer bekommen. An der Tür hängt, neben dem Eingang, ein Minisafe, in dem sich der Schlüssel für die Haustür befindet. Kurz nachdem wir das Apartment betreten haben, werden wir von der Vermieterin sehr herzlich begrüßt. Ihre Tochter und eine Freundin, beide ca. 10 bis 12 Jahre alt, machen gleich einige akrobatische Vorführungen auf dem Rasen neben dem Haus. Sie schlagen Rad und machen Kopfstand. Eine sehr schöne familiäre Stimmung.

15. Tagestour		**ca. 302 km**	
Start: Isafjördur (15)		**Ziel: Búdardalur (16)**	
Straßenbelag:	**Asphalt 302 km**	**Gravel X**	**0 km**
Highlights:	Isafjördur Altbau Arngerdhareyi		
	Küstenstraße 61 entlang des Fjords		
	Steingrimsfjardarheidi Hochebene 61		
	Alternativ über Hochland Straße 61 – 608 – 60		

In dem Supermarkt gegenüber kaufen wir unser Essen für den Abend. Es gibt Lammfleisch. Dies ist hier deutlich günstiger als in Deutschland. Wir kaufen 1,3 Kilo für nur ca. 20 Euro. Dazu gemischtes Gemüse und Kartoffelspalten aus der Tiefkühltheke. Als wir im Supermarkt nach den Preisen fragen, antwortet uns eine junge Frau auf Deutsch. Sie ist vor einigen Jahren hergezogen und betreibt mit ihrem Mann eine Pferdevermietung. Auch die Vermieterin unseres Apartments macht geführte Pferdetouren. Hinter dem Apartment auf der Koppel sehen wir ihre Pferde stehen. Sie bietet Vier- oder Sechs-Tagestouren an, wobei die Gäste am Abend zum Apartment zurückgefahren werden und die Pferde an dem entsprechenden Ort stehen bleiben.
Am nächsten Morgen fahren sie wieder zu den Pferden und dann geht es weiter. Wir bleiben bei unseren Motorrädern und genießen unser selbstgemachtes Abendessen.

Auf dem Weg kommen wir an diesem Thermalschwimmbecken vorbei.

Heute wird mal selbst gekocht ...

Es gibt „all you can eat" Lamm für jeden 700g

Asubud Apartment in Budardalur, sehr empfehlenswert

Die heiße Quelle ist abgedeckt. Ein Schlauch versorgt die Häuser.

Unser Wohnzimmer mit Essecke

Küche mit allem, was man benötigt

Tour

Vorne am Wasser liegen einige Robben. Leider kann man sie auf dem Foto nicht erkennen.

16. Tagestour

Búdardalur nach Stykkishólmur

Wir starten unseren Tag in Búdardalur. In unserem schönen Apartment gibt es ein reichhaltiges Frühstück. Ich bin zum nahen Supermarkt gegangen und habe Brötchen gekauft. Auf dem Parkplatz gegenüber stehen einige Camper, die hier übernachtet haben. Vor den Campern sind Tische und Stühle aufgebaut. Auch hier wird gefrühstückt. Wenig später beginnt unsere Fahrt auf der 60. Schon nach einigen wenigen Kilometern biegen wir rechts ab, auf die Schotterstraße 54 und fahren an der Küste entlang. Dann biegen wir links auf die 55. Dies ist ebenfalls eine Schotterstraße, aber gut zu befahren, obgleich es von Zeit zu Zeit leicht regnet.
In Gerduberg sehen wir uns eine 800 m lange Basalt-Steinwand an. Die Basaltsäulen sind in eckigen Kristallen geformt. Ich klettere so weit wie möglich zum Fuß der Säulen. Es ist schon erstaunlich, wie die Natur überall die gleichen Formen hervorbringt.
Anschließend folgen wir der 54 in Richtung Westen nach Arnastapi. Die Küste ist hier felsig und steil. Es gibt einige natürliche Steinbögen, die irgendwann sicherlich auch zusammenbrechen werden. Heute halten sie unser Gewicht noch aus und wir machen einige schöne Fotos auf der Natural Bridge.
Am Sneafellsjökull besteht die Möglichkeit einer Höhlenbesichtigung. Die Vatnshellir Höhle ist der Einstig aus Jules Verne Geschichte „Reise zum Mittelpunkt der Erde". Direkt vom Parkplatz aus an der 574 kann man mit der Höhlenbesichtigung beginnen. Ein Helm mit Beleuchtung wird hier jedem Besucher zur Verfügung gestellt. Die Tour dauert etwa eine Stunde. Wir fahren dann weiter zu dem Kirkjufell Mountain. Der Berg ist wegen seiner besonderen Form bekannt geworden. Gleich daneben gibt es noch einen schönen Wasserfall. Dort treffen wir vier Motorradfahrer aus den Niederlanden und unterhalten uns mit ihnen eine Weile.
Von dort aus fahren wir weiter nach Biarnarhöfn zum Hai-Museum. Es sind im Hai-Museum einige ausgestopfte Tiere zu betrachten. Auch ein kleines Schiff und allerlei Gegenstände die mit Seefahrt und Fischfang zu tun haben. Wir machen eine Führung und sehen einen Film. Anschließend gibt es für jeden Besucher ein kleines Stück Haifleisch in der Größe von Zuckerwürfeln zum Probieren. Der Hai ist fermentierter Grönlandhai, der ca. 3 Monate „reift". Es riecht sehr stark nach Ammoniak und der kleine Bissen schmeckt furchtbar. Natürlich ist das Geschmackssache. Die junge Frau, die die kleine Runde begleitet und die Geschichte dazu erzählt, meint, es gäbe Menschen, für die sei Hákarl – so nennt man diese isländische Spezialität – eine Delikatesse. Wir erfahren, dass der Grönlandhai über 5 Meter lang und über 300 Jahre alt werden kann. Damit ist es das Wirbeltier mit der höchsten bekannten Lebenserwartung auf der Erde. Nun sehen wir uns noch an, wo der Hai in einem offenen Gebäude getrocknet wird. Auch hier riecht es nach Ammoniak, aber nicht mehr so streng. Vom Haimuseum aus fahren wir weiter zu unserem heutigen Ziel Stykkisholmur. Nachdem wir ein recht behagliches Zimmer bezogen haben, gehen wir zum Hafen runter und finden ein gemütliches Fischrestaurant. Wir haben Glück, es gibt sogar noch freie Plätze. Kurz danach sind alle Tische besetzt. Der Fisch „of the day" kostet ca. 30 Euro, das Tagesmenü ist reichhaltig und sehr gut.

Gerduberg Basaltsäulen

16. Tagestour		ca. 294 km	
Start: Búdardalur (16)		**Ziel: Stykkisholmur (17)**	
Straßenbelag:	**Asphalt 242 km**	**Gravel X**	**52 km**
Highlights:	Sealingsdal Gerðuberg Cliffs Säulenbasalt		
	Gatklettur Basaltformation Natural Bridge		
	Vatnshellir Lava Höhle, Einstieg zum Mittelpunkt der Erde		
	Kirkjufellfoss		
	Bjarnarhöfn Shark Museum		

Die Sealingsdal Gerðuberg Cliffs

Grönlandhai im Trockenhaus des Haimuseums

Schale mit Grönlandhai zum Probieren

Grönlandhai „Delikatesse"

Trockenhaus, hier bleibt der Hai ca. 90 Tage hängen.

Natürliche Basaltbrücke an der Küste von Arnastapi

Der Kirkjufell Berg an der 54 ist 463 Meter hoch.

Londrangar Basaltfelsen an der Küste

Natürliche Basaltbrücke an der Küste von Arnastapi

17 . Tagestour
Stykkishólmur nach Reykjavik

Das Frühstück im Fosshotel Stykkesholmur ist sehr reichhaltig. Das Hotel ist relativ groß und bietet daher ein entsprechendes Angebot. Nachdem wir unsere Sachen eingepackt haben, starten wir unsere heutige Tour auf der 58. Dann weiter auf der 56 und später auf der 54 in Richtung Borganes. Auf der 47 umrunden wir den Foraging-Havelfjördur Fjord. Hier ist die Abzweigung zum Glymur Wasserfall.

Wir fahren einige Kilometer zum Glymur Parkplatz, der noch ca. 6 km vom Wasserfall entfernt ist. Dort treffen einen Motorradfahrer aus Southampton. Er ist mit seiner Honda Adventure allein unterwegs, voll bepackt mit Gepäck. Das Motorrad und sein Gepäck sind total verschmutzt, genauso wie er selbst. Auf dem Fußweg hinauf zum Glymur rutscht er auch noch aus und liegt in voller Länge im schlammigen Boden.

Der Aufstieg zum Wasserfall dauert ca. 2 Stunden und ist sehr anstrengend. Es regnet noch einmal ziemlich heftig und das macht den Weg noch schwieriger. Unterwegs muss dann noch ein kleiner Bach überquert werden. Das Wasser ist eiskalt. Hier wären hohe Gummistiefel sehr gut, aber die meisten haben diese natürlich nicht im Gepäck. Viele laufen ab hier mit nassen Füßen weiter oder drehen an dieser Stelle um. Wer diesen Weg geht, wird oben für den harten Aufstieg belohnt. Der Anblick des Wasserfalls mit 196 Metern ist schon gigantisch.

Bis zum Jahre 2011 wurde der Glymur Wasserfall als der höchste Wasserfall Islands angenommen. Dann aber wurde der Morsárfoss Wasserfall entdeckt. Dieser hat eine Höhe von 227 Meter und liegt innerhalb des Vatnajökull Nationalparks.

Auf dem letzten Teilstück der Ringstraße 1 wird der Seitenwind immer stärker, dann böig und anschließend richtig stürmisch. Wir haben gute Sicht und nur leichte Bewölkung. Teilweise erfassen uns so starke Böen, dass wir nur mit Mühe die Motorräder in der Spur halten können. Die Straße ist nicht besonders breit und wir haben regen Gegenverkehr. Heino fährt vor mir. Ich halte vorsichtshalber einen größeren Abstand. Sein Motorrad hat zeitweise eine Schräglage wie in der Kurve, aber fährt dabei geradeaus. So einen Seitenwind habe ich noch nie erlebt. Wir gehen mit der Geschwindigkeit streckenweise auf ca. 30 km/h runter. Höchste Konzentration ist bei uns beiden angesagt. Über die Sena Kommunikationsanlage höre ich nur ab und zu ein „Oh Mann" oder „booooo, ist das heftig". Aber zum Glück passiert uns nichts und wir kommen heil in Reykjavik an.

In Reykjavik wohnen wir wieder im Hotel Fron, wo wir

Jetzt sind es nur noch wenige Kilometer auf der „1" bis nach Reykjavik

17. Tagestour		ca. 225 km	
Start: Stykkisholmur (17)		**Ziel: Reykjavik (18)**	
Straßenbelag:	**Asphalt 217 km**	**Gravel X 8 km**	
Highlights:	Glymur Wasserfall		
	Vorsicht bei starkem böigem Seitenwind		
	6 km Tunnel Ringstraße1 unter dem Fjord nördlich Reyjavik		

schon bei unserer Anreise übernachtet hatten. Wir haben wieder ein Apartment mit kleinem Wohnzimmer, Küche und eigenem Bad.
Der Hunger treibt uns in Richtung Hard Rock Cafe. Dort treffen wir Högni, den Eigentümer des Cafés. Hier kommen wir an der Bar mit einem sehr netten Ehepaar aus Köln ins Gespräch. Die beiden sind schon ein paar Mal auf Island gewesen und diese Reise wird bestimmt nicht ihre letzte hierher gewesen sein.
Dann hat Högni plötzlich den Direktor der Harley-Davidson Gruppe auf Island am Telefon. Wir verabreden uns für den folgenden Tag in dem Fischrestaurant „Kaffivagninn", um unsere Erlebnisse auszutauschen. Ein weiteres Treffen mit echten Wikingern.

Der letzte Tag in Reykjavik

Der letzte Tag unserer Islandreise beginnt. Am Morgen machen wir die Motorräder für den Rücktransport nach Deutschland klar. Dazu packen wir alles, was wir auf dem Flug nicht mitnehmen wollen, in die Seitenkoffer und die Taschen am Motorrad.

Samskip Bürogebäude im Hafen Reykjavik

So hatten wir es auch schon auf dem Hinflug gemacht. Unsere Koffer konnten wir, während unserer Tour, im Hotel lassen. Das hatten wir vorher bereits mit dem Hotel abgesprochen. Auf der Fahrt zum Hafen wird uns dann schon etwas wehmütig. Das Büro von Samskip liegt im Gewerbehafen von Reykjavik. Die Fahrt dorthin dauert nur ca. 15 Minuten. Unsere Papiere sind von einer Mitarbeiterin schnell herausgesucht. Wir bekommen ein paar Dokumente ausgehändigt, die wir bei der Abgabe der Motorräder an der Abfertigungshalle abgeben und abzeichnen lassen müssen. Kurz nach uns kommen ein Quadfahrer und ein Motorradfahrer aus Irland, die ebenfalls ihre Fahrzeuge abgeben.
Jamie heißt der irische Motorradfahrer. Er ist 6 Wochen alleine mit einem Zelt durch Island gefahren. Nur zwei Nächte hat er im Hotel verbracht, weil seine Sachen total durchnässt waren und er sie trocknen lassen wollte. Insgesamt ist er über 5000 Kilometer gefahren.
Jamie ist, wie wir, total begeistert von den Highlands. Entsprechend sieht sein Motorrad aus. Er fährt eine 500 ccm Enduro. Die kann er leichter im schweren Gelände bewegen und sie auch alleine wieder aufrichten. Ob sie ihm denn mal umgefallen ist, wollen wir wissen. Er sieht uns ganz ungläubig an und mein, er wüsste nicht wie oft. Auf der F907 der 910 und der F88 kann

Hotelparkplatz für die letzte Nacht in Reykjavik

Abgabestelle für Motorräder im Hafen Reykjavik

das schon mal passieren. Dort müssen einige Flüsse durchfahren werden und es gibt weit und breit keine Ortschaften und keine Hotels. Dieses Gebiet liegt im Osten Islands, nördlich des Vatnajökull Nationalpark. Wer diese Straßen zu fahren will, muss wirklich für mehrere Tage völlig autark sein. Aber so begeistert wie er davon erzählt, ist es schon ansteckend.
Genaueres unter „2 Extratage Offroad Extrem".
Nachdem wir unsere Papiere abgegeben haben, werden die Motorräder zu einem Container geschoben. „Da kommen die gleich hinein und dann wird die Tür zugemacht und verplombt", sagt ein Mitarbeiter. In dem Container werden nur vier Motorräder nach Cuxhaven verschifft. Sie stehen hintereinander und werden mit Spanngurten vorne und hinten verzurrt. Sieht sehr ordentlich aus.
Mit dem Taxi geht es zurück in die City von Reykjavik. Jetzt haben wir den ganzen Nachmittag Zeit, noch einmal in der Stadt zu bummeln. Es ist bewölkt, aber ab und zu kommt die Sonne zum Vorschein und es wird

Blick aus dem Airporthotel auf den Flughafen

angenehm warm. So können wir den Nachmittag noch einmal genießen.
Wir kommen an dem Hotel vorbei, an dem die Island Rundtour für die Fahrer von Edelweiß Bike Tour beginnt. Hier stehen blitzblanke Triumph Tiger XCx abfahrbereit. Ich habe vor einigen Jahren schon Touren mit Edelweiß gemacht, eine durch den Südwesten Amerikas und eine durch die Alpen. Diese waren super organisierte Touren.

Edelweiß Bike Tour Begleitwagen

Das Angenehme bei diesen Touren war, dass die Koffer im Begleitfahrzeug mitgenommen wurden. Man fährt also mit kleinem Gepäck. Wenn man am Abend das Hotel erreichte, stand der Koffer schon im Zimmer. Das ist echter Luxus. Ich habe noch mal bei Edelweiß nachgefragt, es ist heute immer noch so. Nachdem wir niemanden von den Edelweiß-Fahrern am Hotel angetroffen haben, gehen wir weiter. Etwas später sind wir

Högni und Marcus vor dem HRC Reykjavik

wieder im Hard Rock Cafe. Högni erwartet uns schon. Wir sitzen noch ein paar Stunden zusammen und erzählen von unseren Erlebnissen.
Nachdem wir hervorragend gegessen haben, zeigt Högni uns das Untergeschoss des Hard Rock Cafes. Wir hatten uns über die vielen bunt bemalten Häuser unterhalten. Högni erzählt, dass es auf Island eine Künstlerszene gibt, die allgemein hohe Anerkennung

Edelweiß Tour Motorräder Triumph Tiger XCx

genießt. An den Wänden im Untergeschoss wird Graffiti zur Kunst. Unsere Fotos können die Atmosphäre leider nicht wiedergeben. Es ist wirklich sehr cool.
Am Abend fahren wir mit dem Flybus nach Keflavik zum Airporthotel. Die Tickets für die Fahrt zum Flughafen sollten vorsichtshalber rechtzeitig online gebucht oder über das Hotel reserviert werden. Nur so kann man sicher sein, dass man einen Platz bekommt.

Graffiti Kunst und Gitarren an den Wänden

Marcus und Heino an der Bar

Mit dem Flugzeug über den Vatnajökull Gletscher

Ein wirklich beeindruckendes Erlebnis ist ein Flug über den größten Gletscher Europas.
Sylvie und Falk haben es so erlebt: Am Flughafen Skaftafell steht das kleine Flugzeug auf einer Wiese. Die Start- oder Landebahn ist von der Straße her kaum zu erkennen. Doch ein Schild mit dem Flugzeugsymbol macht uns darauf aufmerksam. An der Kreuzung Ringstraße 1 und 998 steht am rechten Straßenrand ein Schild mit der Aufschrift: Sightseeing Flights. Hier kann man spontan entscheiden, ob man den Flug machen will. Schönes Wetter wünscht sich dafür natürlich jeder.

Der Tag an dem wir hier vorbei kommen, ist gerade so, dass man sich nur sehr schwer entscheiden kann. Die Sicht ist ganz gut, aber es ist bewölkt und für wirklich schöne Fotos fehlt einfach die Sonne. Es ist dann doch ein wirkliches Erlebnis. Es sieht alles ganz anders aus, als man es sich vorstellt. Die Weite des Gletschers ist schier unendlich und man kann an den Mustern kann man erkennen, dass er fließt. Er ist kein starres Gebilde, sondern ständig in Bewegung. Wenn man nicht vorher über das Internet gebucht hat, sollte man hier aber einige Wartezeit einplanen.

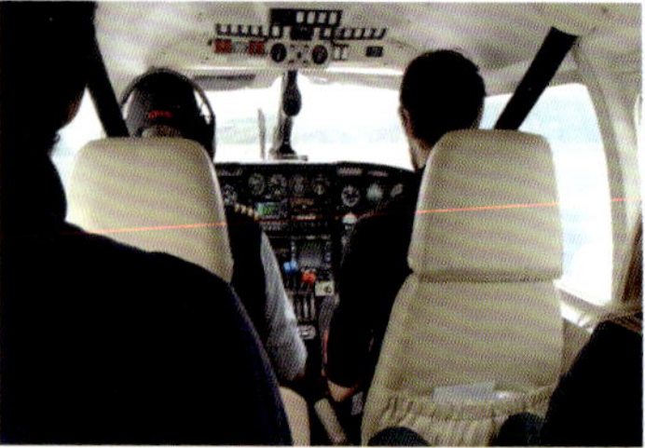

Ein erfahrener Pilot steuert die kleine Maschine

Das Fließen hinterlässt Spuren

Endlose Weite und bizarre Formen

Weiter oben eine geschlossene Schneedecke

Der kleine Flughafen an der Ringstraße, Ecke 998, ca. 17 km vor Hof aus Richtung Reykjavik

Mit dem Flugzeug über den Vatnajökull Gletscher

Natürliche Muster in der Gletscheroberfläche

Ein Vulkankrater wie aus dem Bilderbuch

Bizarre Formen und tiefe Gletscherspalten

extra Tag

Gigantische Eismassen fließen in Richtung Meer

Mit dem **Snowmobile** über den Langjökull Gletscher.

Mit dem Motorrad fährt man bis zum Parkplatz am Gullfoss Café. Die Anfahrt geht über die F35 von Süden, oder über die F35 von Norden oder die F338 von Westen. In dem Cafe kann man sich für die Tour noch einmal stärken. Dann geht es mit dem Monstertruck hinauf auf den Langjökull Gletscher. Im Base Camp erhält jeder eine Ausrüstung für die Fahrt mit den Snowmobilen. Dazu gehören Overall, Überschuhe, Handschuhe und Helm.

Man kann mit dem Personal aber absprechen, ob die eigene Motorradausrüstung nicht ebenso gut oder vielleicht sogar besser sei als die Leihausrüstung. Eine ausführliche Einweisung für die Handhabung der Snowmobile und Sicherheitshinweise gibt es auch.

Motorrad fahren ohne Räder

Zur Eishöhle im Langjökull Gletscher

Mit dem Motorrad fährt man bis zum Parkplatz am Basislager. Die Fahrt geht über die 50 und dann auf die 518 oder die 523 bis nach Husafell. Von dort weiter zum Base Camp. Dort beginnt die Fahrt mit dem Monstertruck, bei dem alle 8 Räder angetrieben werden. Es geht hinauf auf den Langjökull Gletscher. Der Eingang zur Höhle liegt etwa 1.200 Meter über dem Meeresspiegel. Es geht 200 Meter in den Gletscher hinein und das Eis leuchtet in einem herrlichen Blau. Sogar heiraten kann man hier.

Die Eishöhle im Langjökull Gletscher

Mit dem **Monster-Truck** auf den Langjökull Gletscher

Eine sehr beeindruckende Tour ist die mit dem Monstertruck auf den Langjökull-Gletscher. Auf dem Parkplatz vor dem Gletscher gibt es eine kleine Hütte. Dort kann man sich noch einen Kaffee gönnen. Dann geht es los zum Truck und in ihm auf den unendlich erscheinenden Gletscher. Im Truck gibt es in je einer Sitzreihe jeweils drei Sitze links und rechts. Es ist ziemlich eng, der riesige Motor schnurrt vor sich hin und unter den gigantischen Reifen knirscht der Schnee.

Nach einer Fahrzeit von einer knappen halben Stunde stoppt der Truck in the „middle of nowhere". Die weiße Pracht scheint unendlich. Ein unbeschreibliches Erlebnis. Nur wir und der Truck sind hier. Es überkommt einem das Gefühl, alleine auf der Welt zu sein.

So haben es auch meine Schwester Ortrud und mein Schwager Kay empfunden, als sie zur gleichen Zeit wie wir auf Island waren. Mit dem Motorrad darf man verständlicherweise nicht auf den Gletscher. Aber wir haben darüber nachgedacht, unseren Motorrädern ein Paar Ski anzuschnallen, um sie für so eine Tour tauglich zu machen.

Oben auf dem Langjökull Gletscher

Der Monstertruck bringt uns nach ganz oben

Extra-Tag Whale Watching

Husavik oder Akureyri verdienen einen extra Tag.

Wer ausreichend Zeit für seine Islandreise eingeplant hat, sollte in Husavik oder Akureyri einen Tag extra einplanen. Bei strahlendem Sonnenschein und blauem Himmel macht es doch viel mehr Spaß mit dem Boot hinaus zu fahren als bei Nieselregen oder Nebel. Ein Isländer sagt uns: Wenn Dir das Wetter nicht gefällt, setze dich auf einen Kaffee ins Restaurant und wenn Du wieder raus kommst, ist anderes Wetter. Leider klappt das nicht immer und manchmal geht man trocken rein und wenn man wieder herauskommt, regnet es. Oft sind es aber nur kurze Schauer. Es fahren mehrmals am Tag die Whale Watching-Boote aufs Meer hinaus. Aber wenn man erst am Abend, nach einem ereignisreichen Tag in Husavik ankommt, tut es ganz gut, den Abend erst einmal bei einem gutem Essen zu genießen. Die Whale Watching-Touren werden von sehr vielen Anbietern durchgeführt. In Husavik ist am Hafen ein Tourismusbüro, in dem man sich erkundigen und auch Tickets für die Touren kaufen kann. Bevor es losgeht, erhält man Schutzkleidung und Schwimmweste. Diese sind im Ticketpreis enthalten. Je nachdem, von wo man mit dem Boot losfährt, dauert es einige Zeit, bis das offene Meer erreicht wird. Wir haben mit mehreren Leuten gesprochen, die so eine Tour gemacht haben. Alle haben Wale gesehen. Es ist natürlich auch ein bisschen Glück dabei, wie dicht die Wale neben dem Boot auftauchen. Die Kamera sollte dann immer griffbereit sein. Zuerst ist man so begeistert, dass der Wal schon wieder untergetaucht ist, bis man die Kamera griffbereit hat. Der Skipper nennt die Wale mit Namen. Er meint, er kennt sie alle. Sie kommen jedes Jahr wieder und wenn man einen geschulten Blick dafür habe, würde man sie wiedererkennen. Ob diese Geschichte zum „Seemannslatein" gehört und nicht ganz wahr, ist fragen wir uns. Aber irgendwie hört es sich nett an. Das Foto unten haben wir über die Island Presseabteilung erhalten. So viel Glück für ein Foto hatten wir nicht.

Whale Watching mit dem RIP Speedboat

Whale Watching Center Husavik

© Ragnar Th. Sigurdsson

Extra-Tag Reiten auf Island Pferden

Island Schimmel auf saftiger Wiese im Süden Islands

... und die kommen fast überall durch. Echte 4 x 4

Die Island-Pferde sind für viele ein Grund, nach Island zu reisen. Sie beherrschen nicht nur Schritt, Trab und Galopp, sondern auch noch Tölt und Pass. Diese sollen für den Reiter extrem erschütterungsfrei sein. Also für Motorradfahrer geeignet!? Reittouren werden fast überall auf Island angeboten. Sowohl über die großen Tourismusanbieter, als auch von Familienbetrieben in den kleinen Ortschaften. Fast jeder Isländer kennt jemanden, der Pferdetouren anbietet. Im Tourismusbüro in Reykjavik erhält man für fast alles wichtige Informationen.

... und hier auf Lavaboden in den Highlands.

2 Tage Extra-Tour Offroad Extrem

Offroad auf der 842, dann auf der F26 und weiter auf der F752 nach Laugafell. Zurück auf der F881, nun die F821 und 821 nach Akureyri.

Achim Schöpgens ist diese Tour mit seinem Freund Carsten gefahren. (www.art-for-function.de) Achim stellt selbst Motorradbekleidung her, die er mit seiner Frau entwirft und hier testet. Er hat uns Fotos zur Verfügung gestellt und beschreibt seine Erlebnisse.
Diese „Offroad Tour Extrem" kann gut nach dem Tagespunkt 7. Husavik zur gesamten Tour hinzugefügt werden. Hierfür muss mindestens ein Tag zusätzlich eingeplant werden.
In Laugafell (nicht verwechseln mit Laugarfell mit „r") gibt es Übernachtungsmöglichkeit für ca. 35 Personen. Ein Extrahaus mit WC und Umkleidekabinen. Der Campingplatz ist direkt daneben. Das Club Büro ist über ffa@ffa.is oder unter der Telefon Nummer +354 462 2720 zu erreichen. So kann man die Verfügbarkeit prüfen. Auf der Internetseite ffa.is findet man aktuelle Informationen zu Laugafell.

Extra-Tour Offroad extrem Laugafell

Beim Godafoss Wasserfall auf der östlichen Seite des Flusses von der Ringstraße 1 auf die 842 abbiegen. Von dieser Seite kann man nochmal an den Wasserfall gehen. Unsere Tour führt dann weiter auf de 842 nach Süden. Kurz vor dem See Isholsvatn heißt die Straße dann F26. Auf der geht es weiter nach Süd-Westen, an der Abzweigung F881 vorbei bis zur F752. Dort verlassen wir die F26 und biegen rechts auf die F752 ab. Hier erwartet uns die größte Herausforderung des Tages. Eine Furt mit fast 50 Metern Breite muss durchquert werden. Das Wasser ist eiskalt und es ist nicht zu erkennen wie tief es ist. Wir gehen erst ein Stück zu Fuß durch den Fluss und entscheiden dann es mit den Mopeds zu riskieren. Etwas mulmig wird einem dabei schon. Kein Fahrzeug in der Nähe, bei dem man beobachten könnte, wo es wie tief ist. Also allen Mut, den man aufbringen kann, und dann los. Ganz langsam aber zielstrebig durch. Zum Glück sind keine größeren Steine im Weg. Einmal kurz mit dem Fuß ins Wasser

Mitten in der Nacht. Gemütlich im Zelt am Gletscher.

In the „midle of nowhere" steht diese Hütte

Furt an der F752

Extra Tour Offroad Extrem		**ca. 200 km**
Start: Godafoss (7A)		**Ziel: Laugafell (7B) 117 km**
Start: Laugafell (7B)		**Ziel: Akureyri (8) 80 km**
Straßenbelag:	**Gravel, Sand und Furt 197 km**	
Highlights:	ca. 200 km Offroad. Beim Godafoss Wasserfall von der Ringstraße 1 auf die 842 dann 26 und F752 (Furt) nach Laugafell. Zurück: auf der F881, F821 und 821 nach Akureyri Laugafell HotPot. Campingplatz und einfache Hütten mit Schlafplätzen.	

als die Strömung das Gleichgewicht aus dem Lot bringt. Dann ist es geschafft. Mit dem Beiwagengespann ist es risikoreicher. Nicht wegen der nassen Füße, sondern wegen der Angriffsfläche der Wasserströmung. Wenn Achim weggeschwemmt wird, haben wir ein echtes Problem. Das Gespann ist so schwer, dass wir es wohl kaum ohne einen 4-Weeler heraus bekommen würden. Genau diese Furt ist es, warum diese Tour zur „Offroad Extrem Tour“ wurde. Gravel, Sand und steinige Strecken sind auch nicht ganz ohne, die Furt ist aber die Krönung des Tages. Wir haben Glück und alles geht gut. Achim und Carsten übernachten im Zelt. Es sieht nicht nur idyllisch aus – es ist es auch. Man sagt, hier laufen freilebende Rentiere herum. Wir begegnen ihnen nicht. Am nächsten Morgen geht es nach einem kräftigem Frühstück weiter auf der F881, dann auf der F21 und danach auf der 821 nach Akureyri unserem Punkt 8 auf der „normalen“ Tour. Dieser kleine 200 km Schlenker hat zwar seine Tücken, ist aber sehr empfehlenswert, wenn man bereit ist durch Furten zu fahren.
Alle unsere Landkarten haben wir selbst angefertigt, um bestmöglich zu zeigen, wo die Touren entlanggehen. Aber es sind nur Übersichtskarten die eine gute Tourenkarte und ein Navi nicht ersetzen können und sollen.

Unsere 7. Tagestour führt von Husavik (Punkt 7) nach Akureyri (Punkt 8). Diese **Offroad extrem** Tour, die rot gekennzeichnete Strecke, von Godafoss (7A) nach Laugafell (7B) und dann nach Akureyri (8) kann hier mit einem Tag oder zwei Tagen extra eingefügt werden.

2 Tage Extra-Tour Offroad Extrem Askja Krater

Offroad auf der F931 und der F910 zum Askja Vulkan, dann auf der F88 nach Grimsstadir.

Jürgen Grieschat (www.mottouren.de) ist diese Strecke mehrfach gefahren, hat uns für diese Tour einige seiner Fotos zur Verfügung gestellt und sehr lebhaft seine Erlebnisse beschrieben. Diese haben wir zur „Offroad Tour Extrem" hinzugefügt.

Tour 1. Offroad extrem

Einige Kilometer südlich vor Eglisstadir(X) kann man auf der Ringstraße 1 von Süden kommend auf die 931 in Richtung Osten abbiegen. Oder man fährt ab Eglisstadir auf der Ringstraße 1 weiter nach Norden und dann auf die 931. Im ersten Fall fährt man dann

268 km zur nächsten Tankstelle. F88 Ecke Ringstr.1

der Ostküste des Lagarfljót Sees entlang, alternativ an der Westküste des Sees. Sehr wichtig ist es, den See ständig im Blick zu behalten, denn hier im See soll das Ungeheuer „Lagarfljótwurm" leben. Ich könnte wetten, das möchte endlich mal raus dem See und mit dem Motorrad weiterfahren. Also gebt acht! Die 931 trifft dann auf die 910 und auf geht es dann weiter in die Highlands. Wir erreichen die Abzweigung zur F88, fahren aber weiter auf der F910 zu unserem heutigem Ziel (Y): Das Dreki Camp. Von dort sind es noch 8 km auf der F894 zum Parkplatz am Askja Vulkan mit dem Öskjuvatn Kratersee.

Tour 2. Offroad extrem

Von Askja geht es auf der F910 bis zur Abzweigung F88, auf der wir weiter in Richtung Grimsstadir (Z) fahren. Sollte diese gesperrt sein, kann als Alternative auf die F905 ausgewichen werden. Diese führt ebenfalls

Benzin und Diesel in der Holzhütte. An der F901

zurück auf die Ringstraße 1. Auf der F88 sind es 96 km offroad, auf der F905 sind es 131 km offroad. Die km Angaben geben aber keinen Anhaltspunkt dafür, wie

Abzweigung auf die F 88 von der Ringstraße 1

Extra Tour Offroad Extrem		ca. 300 km
Start: Eglisstadir (X)		**Ziel: Askja (Y)**
Start: Askja (Y)		**Ziel: Grimsstadir (Z)**
Straßenbelag:	**Asphalt 99 km**	**Gravel, Sand + Furten 201 km**
Highlights:	über 200 km Offroad	
	Asphalt von Eglisstadir bis zum Kárahnjúkar Stausee ca. 99 km	
	F931, F910, F88 oder F905	
	Askja Vulkan-Krater. Achtung: Hier gibt es KEIN Hotel !!!	

lange man für die Strecke benötigt. Es ist hier wirklich extrem! Es müssen wieder einige der schwierigen „Furten", also Bäche, bez. Flüsse, durchfahren werden. Ob Fluss oder Bach entscheidet das Wetter ganz spontan. Je nachdem wie viel Schmelzwasser gerade aus den Bergen herunter kommt. Im Zweifelsfall geht es nicht mehr weiter und man erreicht sein Ziel nicht. Nasse Füße sind so gut wie sicher. Es sei denn, die Ausrüstung beinhaltet eine wasserdichte Anglerhose mit daran fest verschweißten Stiefeln. Jürgen hat für den Fall GaffaTape/DuckTape mit an Bord. Damit versucht er Stiefel und Hose wasserdicht miteinander

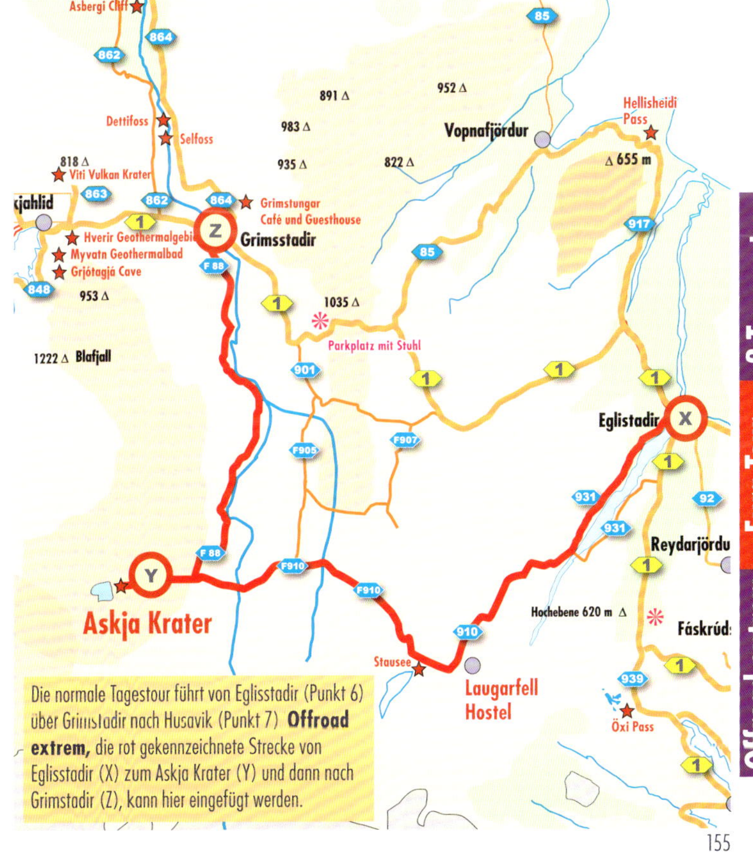

zu verkleben. Auf jeden Fall hilft das für eine gewisse Zeit. An einigen Furten ist ein Seil von einer Seite des Ufers zur anderen Seite gespannt. Daran kann man sich orientieren, wo der optimale Weg an diesem Tag durch das Wasser geht.

Angeblich sind Ranger unterwegs, die die Strecken täglich kontrollieren. Auch wenn es hier in den Highlands oft menschenleer ist, treffen sich an den Furten oft Leute, die warten, um den Fluss zu überqueren oder den Fluss gerade überquert haben. Man ist dann schnell im Gespräch und es wir einander geholfen. Auf der gesamten Strecke wechselt der Untergrund mehrfach. Harter, festgefahrener Schotter lässt sich am leichtesten befahren. Etwas anspruchsvoller wird es bei größeren Lavasteinen, und die Königsklasse des Offroad auf dieser Strecke ist die Fahrt durch den weichen schwarzen Lavasand. Der ist so fein, dass das Vorderrad ständig eintaucht und sich dann selbst seinen Weg sucht. „Aufschwimmen" lassen hört sich da einfach an. Ist mit etwas Mut verbunden. Durch die höhere Geschwindigkeit sinkt das Vorderrad nicht so tief ein

Dreki Camp, von hier noch 8 km am zum Askja Krater

und sucht sich so seinen Weg durch den Sand. Man muss es halt ausprobieren und für sich den besten Weg durch den Sand finden.

Hier wird klar, dass keine genaue Zeitplanung geben kann, wann man wo ankommt. Irgendwann ist man da. Nur nicht nervös werden ist die Devise. Dafür ist man ja hergekommen. Ist der Askja Vulkan, das Ziel erreicht, ist das Gefühl um so überwältigender. Ein Sterne Hotel sucht man am Askja vergebens. Die meisten Besucher haben ihr Zelt dabei und nutzen die Sanitäranlagen des Dreki Camps. Eines der Häuser hat auch Gästebetten. Bis zu 60 Personen können dort übernachten. Es wird jedoch nur die Schlafmöglichkeit zur Verfügung gestellt. Schlafsack und alle anderen Utensilien muss man selbst mitbringen. Der nächste Ort ist gut 100 km entfernt. Da kann man nicht mal eben einkaufen gehen. Doch Jürgen hat mit seinen Extremtouren wirklich viel Erfahrung.

Seit vielen Jahren bietet er geführte Touren in alle möglichen Ecken dieser Erde an. Meist dort, wovon die meisten nur träumen und alleine vielleicht nicht hinfahren möchten. In der Gruppe ist es an manchen Stellen einfach viel sicherer, sowohl, wenn man in Gegenden landet, wo man alleine nicht hinfahren sollte, als auch im schwierig zu fahrendem Gelände. Dort ist man dann über eine helfende Hand aus der Gruppe oder den richtigen Tipp sehr dankbar. Um für solche Touren das fahrerische Können upzudaten, bietet Jürgen in Deutschland Offroad Fahrtraining an. Mit der eigener Maschine oder mit Leihmaschinen. Wenn man sich danach zu größe-

Der Jeep hat es da leichter.

ren Taten berufen fühlt, kann man über Globetrotter Mottouren mit Jürgen eine Tour buchen. Es geht zum Beispiel in den Ostblock: Polen, Estland, Letland und Russland. Dort warten jede Menge Abenteuer auf Leute die zu Hause schon jede Sorte Eis und Kuchen in den umliegenden 100 km gegessen haben.

Aber Vorsicht, es ist wie bei den Vampiren. Wer einmal Blut geleckt hat, den kann man mit Vanilleeis und Kuchen nicht mehr aus der Garage locken.

An der F88 der Herdubreid mit 1682 Meter Höhe

Die F88 auf festem Lavagestein

Der feine Lavasand erfordert höchste Konzentration. „Geschwindigkeit bringt Sicherheit!" sagt Jürgen. Nach einer Weile gewöhnt man sich daran und findet dann seinen eigenen Stil.

Da muss man durch. Erst mal testen, wie tief das Wasser ist. Dann ganz langsam aber zielstrebig und entschlossen durch. Auf dem festen Lavakies geht es dann wieder zügig voran

Damit muss jeder auf dieser Straße rechnen. Zum Glück passiert meist nichts, weil der Sand so fein ist.

Asphalt Cowboys auf dem Weg nach Askja

Auf dem Hinweisschild sind, schwach zu sehen, links und rechts gelbe Fahrbahn Markierungen eingezeichnet. Auf dem Foto unten kann man diese im Hintergrund erkennen. Dies sind die einzigen Markierungen, an denen man sich orientieren kann, ob man sich noch auf der Straße befindet oder nicht. Außerhalb dieser Markierungen zu fahren ist verboten und es wird zusätzlich darauf hingewiesen, dass das Fahren außerhalb dieser Markieren bestraft wird. Angeblich mussten zwei Motorradfahrer mehrere Kilometer Spuren, die sie mit ihren Motorrädern außerhalb der gekennzeichneten

Strecke hinterlassen hatten, mit Harken glatt harken, bevor sie ihre konfiszierten Motorräder zurückerhielten.

Ist das noch die Straße? Kilometerlanger, tiefer, schwarzer Sand auf der F910

Das Ziel des heutigen Tages: der Askja Vulkankrater

Motorradwäsche mal so ...

... mal so ... zum Glück ist nichts passiert.

Ja, das ist noch die Straße! Slippery when wet.
Hilfe läuft schon hinterher.

Und hier noch einige Fotos von unseren Freunden des

Harley Davidson Chapter Island

Gunnar und Sugurdur vom Harley Davidson Chapter Island mit Marcus und Heino in Reykjavik. Bild rechts: Serpentinen bei „Hellisheiði eystri“, nördlich von Egilsstaðir, am Landsendafjall (Lands-End Berg) aufgenommen. Das Bild zeigt Gunnar und Steinar, der aktuelle und ehemalige Chef des HOC Island.

Leuchtturm bei „Fontur“, der am Ende von Langanes, der nordöstlichen Spitze von Island steht. Bild Rechts: Töllaskagi (Troll-Halbinsel) Der Weg von Ólafsfjörður nach Siglufjördur vor den Tunneln, die die beiden Städte verbinden. Die meisten Schotterstraßen sind leicht zu fahren und bringen dich oft auf abgelegene Strecken an die schönsten Orte. Eine der Lieblingstouren unserer Freunde.

Jökulsárlón, im Südosten Islands, am Vatnajökull-Gletscher

Serpentinen Fahrt hinauf zum Hellisheidi Pass auf der 917 Gravel Road.
Mit Blick auf „Héraðssandar“ am Fuße des Lagarfljót, der an Egilsstaðir vorbei führt.

Dieses Foto ist in Langanes, in einer verlassenen Siedlung namens „Skálar“ aufgenommen.

Am Strand in der Nähe von Höfn

Dieses Bild (oben) wurde während einer Island Rundtour gemacht. Diese Touren werden in unregelmäßigen Abständen durchgeführt. Das Foto ist nahe der Ringstraße 1, östlich von Höfn, der südlichsten Stadt Ostislands, unter dem Reyðarártindur Berg, in Lónsfjörður, einem Gebiet namens Fjörur (Strände) aufgenommen worden.

Bild unten: Auf dem Weg nach Vöðlavík (958) östlich von Eskifjörður. Das Verkehrs Schild „ILLFAER VEGUR" heißt übersetzt: schwer passierbar. Die Freunde sind jedoch der Ansicht, dass Harley Davidson Motorräder bei Militär und Polizei auch härtere Einsätze durchgehalten haben. Dann sollten sie auch diesen Weg überstehen. Also geht die Fahrt weiter auf der 4x4 Road. Echte Wikinger kennen keinen Schmerz. Und die Harleys halten durch. Nur ganz so sauber sind sie hinterher nicht mehr.

Hinweisschild: schwer Passierbar nur mit 4 x 4 Fahrzeugen

„2BE" am der Gletscherlagune von Jökursarlon

Bild oben: Ivar's „2BE" an der Gletscher Lagune von Jökulsarlon. Die Fahrt führt die Gruppe von Reykjavik auf der asphaltierten Straße über 377 km, hierher. Daher ist die 2BE hier noch ungewöhnlichen sauber.

Bild unten: Ívar Örn ist wieder auf seiner Harley-Davidson Heritage Softail 2005 unterwegs. In „Strandir", dem östlichen Teil von „Vestfyrðir". Die Straße führt an Djúpivogur vorbei, einem verlassenen Fischereiort. Der normale Schotterweg führt zum „Norðurfjörður", dann eine etwas steinigere Schotterstraße zum „Ingolfsfjörður" und schließlich folgt ein Feldweg (F649) „Ófeigsfjörður". Der kleine Bach, den er überquert, heißt „Sýrá".

Einige dieser Orte findet weder unser Navigationssystem, noch Google Maps. Hier ist man wirklich abseits jeglicher Zivilisation.

Ívar Örn, hier wieder auf seiner Harley Davidson Heritage Softail „2BE"

Impressum / Quellenhinweis:

Motorrad Reisebuch Verlag Hamburg

Druck:	O&M Bornemann GmbH Wehlbrook 1 22143 Hamburg
Verlag:	O&M Bornemann GmbH
Autor:	Marcus Bornemann

Quellenhinweise Texte und Fotos

Texte:	Marcus Bornemann Heino Helmcke Jürgen Grieschat Promote Iceland BZ.COMM GmbH, PR und Marketing Rukka BMW Motorrad, Hamburg Detlev Louis Angela Reinhardt, Schlussredaktion:
Fotos:	Marcus Bornemann Heino Helmcke Jürgen Grieschat Ortrud und Kay Rasche Sylvi Tröger, Julia Alexandra Crespo Sylvie und Falk Wallner Ragnar Th. Sigurdsson Promote Iceland BZ.COMM GmbH, PR und Marketing Whale Watching Center Husavik
Kartografie	Marcus Bornemann Heino Helmcke CityMap Reykjavik: OpenStreetMap Promote Iceland

ISBN Nr. 978-3-9819443-0-3

Trotz sorgfältiger Recherche aller Beteiligten können sich Fehler eingeschlichen haben. Dieses bitten wir zu entschuldigen. Dafür können wir keinerlei Haftung übernehmen. Möchten Sie als Leser sachdienliche Hinweise, Ergänzungen oder Kritik an uns weitergeben, schreiben Sie uns bitte unter:
bornemann@wehlbrook.de

Danksagungen an:

Isländische Botschaft Berlin für ihre Vermittlung zu den richtigen Informationsquellen.

BZ.COMM GmbH, für die Presse Texte und Bilder sowie wertvolle Informationen zu unserer Reise.

BMW Niederlassung Hamburg, Presseabteilung, für Fotos und Infos zu unseren Motorrädern R 1200 GS tripleblack und R 1200 GS LC Adventure

BMW Motorrad Stüdemann, Hamburg,
für Ihre ständige Hilfsbereitschaft.

Rukka Bekleidung.
Besonders Matthias Kroner für die hervorragende Beratung bei der Auswahl der Motorrad Bekleidung.

Detlev Louis. Besonders Herrn Björn Ahlers für die Unterstützung beim Vertrieb des Buches.
Herrn Hacksteter für die Beratung und den Einbau der Sena 10U in den Shoei Neotec Helm
(Louis Giga Store, Hamburg, Süderstraße)

Touratech. Speziell Stefan Fritscher und Timo Sommer mit denen wir stundenlang über die richtige Ausrüstung für Offroad Touren gesprochen haben.

Harley Davidson Chapter Island. Speziell Ivar, Gunnar und Sugurdur. Hier kennt man sich nur mit Vornamen. Danke für die hilfreichen Tipps vor und nach der Tour.

Högni Sigurdsson vom Hard Rock Cafe Reykjavik für die guten Tipps zu unserer Tour.

Jürgen Grieschat von (www.mottouren.de) für seine Beiträge zu der „Offroad Extrem" Tour und für das Korrekturlesen dieses Buches.

Printed in Germany

Wieder zu Hause

Zwei Wochen, nachdem wir unsere Motorräder im Hafen von Reykjavik abgegeben haben, können wir sie wieder in Cuxhaven abholen. Wir entschließen uns diesmal nicht mit Auto und Anhänger zu fahren, sondern fahren mit der Bahn von Hamburg nach Cuxhaven. Das geht schneller als mit dem Auto und wir können das schöne Wetter noch mal mit unseren Bikes genießen.

Aber erst einmal müssen wir zu der Abfertigungshalle um die Motorräder wieder in Empfang nehmen. Natürlich haben wir unsere Papiere aus Reykjavik dabei. Die Übernahme der Motorräder ist unproblematisch. Aber wir müssen anschließend noch zum Zoll und die Maschinen wieder offiziell in die Bundesrepublik Deutschland einführen.

Beim Zollamt werden die Papiere nochmals geprüft und damit sind die Maschinen wieder offiziell eingeführt.

Der Container ist verplombt. Der Bolzen ist selbst mit dem großen Seitenschneider schwer zu knacken. Es braucht ein paar Versuche, bis der Bolzen nachgibt.

In dem Container sind neben unseren Maschinen nur zwei weitere mit Lübecker Kennzeichen aus Reykjavik zurück verschifft worden.

Die Spanngurte sind zu beiden Seiten an der Containeraußenseite am Boden befestigt. Einfache, aber solide Befestigungstechnik.

Eine spezielle Rampe macht es leicht, die Maschinen rückwärts aus dem Container zu schieben.

Basalt-Säulen an der Black Beach Küste

Geothermalschwimmbad Myvatn

Kerlingarfjöll Campingplatz

Restaurant am Hotel Leirubakki, gemauert und verputzt mit Lavagestein ganz in schwarz.

Eines der üblichen Fahrzeuge auf Island, wenn es in die Highlands oder zum Gletscher geht, oder als Taxi.

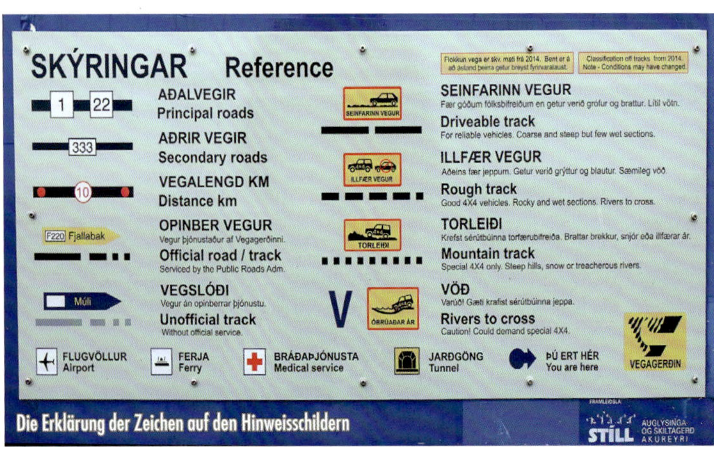

Die Erklärung der Zeichen auf den Hinweisschildern

Jürgen Grieschat auf dem Weg nach Askja. Er hat auf seinen Reisen ein Begleitfahrzeug dabei, in dem alles untergebracht werden kann, was nicht mehr auf die Motorräder passt oder soll. Zelte, Gasflaschen, Zusatzgepäck, Ersatzteile – eben alles, was man so braucht.

Fußbodenheizung auf den Straßen von Reykjavik. Gespeist mit geothermischer Energie.

Viele Häuser auf Island fallen durch bunte Bemalung auf. Graffiti wird hier zur Kunst am Bau.

1967 war es noch möglich durch die Spalte zwischen den Kontinentalplatten hindurchzufahren. Ein Schild zeigt, wie das letzte Auto durch die Spalte fährt. Heute geht man auf einer Holzkonstruktion zu Fuß hindurch.

... und hier wartet schon das nächste Abenteuer ...

Motorrad Reisebuch Neuseeland

Unsere Neuseeland-Rundreise beginnen wir in Christchurch auf der Süsinsel Neuseelands. Die Motorräder haben wir bereits einige Monate vor der Reise bei MOVE Reisen, Pascale Burbacher in Leingarten in Deutschland gemietet.
https://www.move-motorradreisen.de/
Die Kosten für die Spedition des eigenen Motorrades erst nach Australien und dann nach Neuseeland hätte sich für 2 Monate Reisezeit nicht gelohnt.
Die zeitliche Abstimmung der Flüge und der Zeit, in der man bestimmte Motorräder fahren möchte, sollte man sehr rechtzeitig vornehmen. Es steht zwar eine große Anzahl von Motorrädern zur Verfügung, aber es sind auch weltweit Kunden auf der Suche nach dem richtigen Bike. Pascale ist allerbestes mit Kiwi Motorcycles vernetzt.

Vor der Neuseeland Rundreise fahren wir durch Australien: Von Sydney an der Küste entlang bis zur Great Ocean Road und dann nörtlich zum Grampians National Park. Von dort aus weiter nach Melbourne.
Von Melbourne aus fliegen wir dann nach Christchurch auf die Südinsel Neuseelands.

ISBN 978-3-9819443-1-0 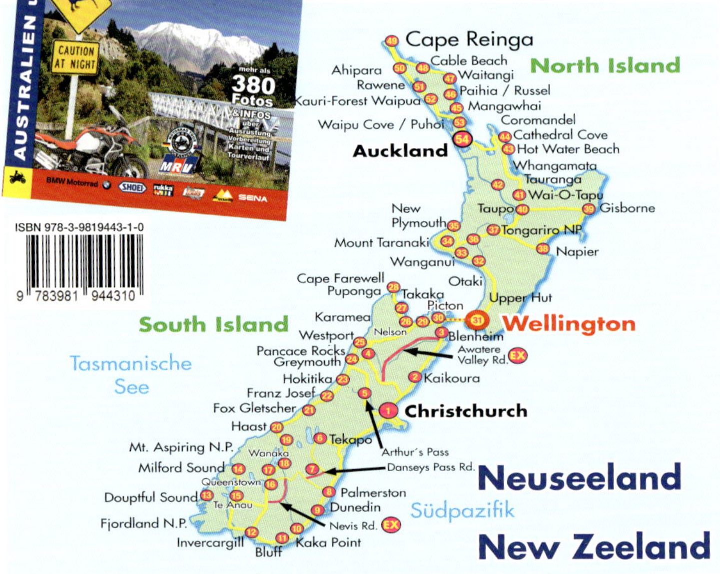
9 783981 944310